목수 일기

세종마루시선 020

목수 일기

2025년 11월 10일 초판 1쇄 발행

지은이 임비호
펴낸이 윤영진
기획 이은봉 김백겸 김영호 최광 성배순
홍보 한천규
펴낸곳 도서출판 심지
등록 제 2003-000014호
주소 34570 대전광역시 동구 대전천북로 12
전화 042 635 9942
팩스 042 635 9941
전자우편 simji42@hanmail.net
ⓒ임비호 2025
ISBN 978-89-6627-274-7 03810

* 저자와의 협의에 의해 인지를 생략합니다.
* 이 책 내용의 전부 또는 일부를 재사용하려면 저자와 심지 양측의
  동의를 받아야 합니다.
* 이 책은 세종특별자치시와 세종시문화관광재단의 후원으로 발간되었습니다.

세종마루시선

020

목수 일기

임비호 시집

시인의 말

삶이 무너졌을 때 선택한 목수 생활이었다. 멀리 있을 때는 인간 가치 실현으로 보였는데 가까이 있으니 잘 빠지지 않는 가시 같다. 쓰리고 아린 가시를 어르고 달래며 사는 것이 어느새 내 생활의 중심이 되어 있다.

성장의 그늘에 가려 어둑한 시대의 사각지대를 해지는 시신에 붉은 노을로 남긴다. 저 서산 노을 속에 이 땅의 건설노동자를 위해 횃불을 밝힌 양희동 열사가 웃고 있다.

이 시집을 그분 영전에 바친다.

2025년 가을
임비호

차례

005 시인의 말

제1부 일터

013 출근길
014 질경이
016 새벽 기도
018 인생 환승역
021 재입대
024 비 오는 날
026 창살 그늘
028 7월의 노가다
030 국제인력시장
032 반환 소송
034 겨울 방학
036 눈칫밥
038 쪽잠이 부르는 꿈
040 사발통문沙鉢通文

042 일 나가는 하루
044 꿈
046 전생
048 문신
050 호적 갱신
052 우리의 일터는
054 소금꽃
056 복권
058 사과
060 흙먼지 화장
062 달력
064 졸면서 쓰는 시
066 주름 훈장

제2부 삶터

071 강아지풀
072 퇴근길

074 자연시계
076 봄의 기원
078 4월의 갑천
079 합강 놀
080 고향의 시계
082 현도교 너머
084 연가시
086 가을바람을 만지며
088 가을 사진
090 가을 단상
092 은행나무
094 십자가꽃
096 환갑 선물
098 코스모스

제3부 쌈터

- 101 세상이 우리를 부른다
- 104 유목노동자
- 106 초대장
- 108 노가다 특별법
- 110 함성의 기원
- 112 성장통
- 114 나도 김용균이다
- 116 우리도 국민이다
- 120 병정丙丁들의 노래
- 122 건설노동자 이력서
- 124 민중의 바다
- 126 하늘도 울어버린 거룩한 불꽃

129 해설 노동하는 삶의 진실과 지혜 | 이은봉

〈일러두기〉

* 본문에서 〉는 '단락 공백 표시'로 한 연이 새로 시작된다는 표시이다.

제1부
일터

출근길

어스름 새벽 출근길
동쪽 하늘 조각달 아래
얼굴을 내민 별 하나

하늘나라 올라가신
울 엄마가
아들 쳐다보는 눈빛 같다.

엄마의 눈빛에는
어릴 적
바지 속 올라간 내의를 내려주던
따스한 손길이 들어 있다.

내일도 엄마 눈빛 같은 샛별을
다시 보면
어제는 나도 엄마처럼
하루를 또 살았노라 말해야지.

질경이

고향 뒷산
소달구지 자국 따라
잎새를 바닥에 기댄 질경이

숲에선 햇볕 한 줌도 어려워
발길에 차이고
수레에 온몸이 찢기는 길가로 나와
벼랑 끝 운명을 산다.

하도 밟혀서 그런지
이젠 밟혀도 죽지 않으려
줏대는 버리고
질긴 줄기에 너른 잎만 가져
꺾이지 않는 몸이 되었다.

밟혀도 살기 위해
밟는 자들 발끝에 붙어
햇볕 한 줌 있는 곳에
또 다른 인생을 심는 재능도 얻었다.

〉
밟히면 밟힐수록
밟는 자들 발길 따라
터전이 더 커지는 질경이는
온 산길을 차지하지만
밟는 자를 밟지 않고
길 잃은 그들에게 녹색등을 비춘다.

새벽 기도

건설 현장 일을 시작하고
언제부터인가
출근 전에 하는 버릇이 생겼다.

아직 자는 아내와
딸내미 얼굴을 다시 한번 보고 나간다.
출근 조회할 때마다
어제도 옆 현장에서 인부 한 명이 추락했으니
절대 안전에 주의하라는 말을
골백번 들어서 그런지
몇 톤 되는 철제 유로폼 야기리* 판 짜서
높은 크레인으로 들어
철근 골조에 붙이는 작업을 할 때
밀려오는 두려움 때문인지

매일 아침 출근할 때면
평온하게 자는 저 모습을
또 볼 수 있을까? 하는 생각에
식구 얼굴을 찬찬히 다시 살펴본다.

〉
기도라는 것도 중얼거려 본다
오늘 저녁에도
무사히
식구들 웃으며 마주 보게 해 달라고.

* 야기리(屋切り(やぎり), 矢切り(やぎり): 건설 현장에서 사용되는 일본어 유래의 용어로, 아파트와 같이 동일 평면이 반복되는 건물 등에서 연속적으로 같은 문양 및 크기가 반복될 때 건물 외부 쪽에 설치하는 형틀.

인생 환승역

건설 현장이
때론 인생 환승역이 됩니다.
들어오기 쉽고
나가기 쉬워 그럴 수 있습니다.
평생직장이 아니고
용돈벌이라 생각해서
그럴 수도 있습니다.

하지만 신기하게도
한번 들어왔다 나간 사람들에게
이곳은 술자리 풍성한 안주가 됩니다.
처음 만난 사람들과
각기 다른 사연 보따리를 가슴에 안고
나눴던 불안한 눈빛
낯선 환경 서툰 자세로
온종일 행했던 노역의 고단함
나와는 별개라고 생각한
지저분하고 하찮은 일을 하고 얻은
하루 일당의 초라함이

기억 회로를 깊이 점령했기 때문입니다.
삶이 무너졌던 사내들에게는
그 기억이 더 짠하여 일생의 서사가 됩니다.

나도 건설 현장을
인생 환승역으로 여겼는데
어쩌다보니 열차를 갈아타지 못하고
아직도 순환 열차에 몸을 싣고 있습니다.

한 명의 승리자를 위해
아흔아홉의 실패자를 만들어내는
먹이 사슬 속에서
하루하루 필요하면 쓰다 버리는
이 순환 열차.

살면서 술안주 삼을
인생 환승역 하나만 있으면 좋으련만
인생 순환 역이 자꾸만 늘어
집으로 가는 발걸음이 점점 무거워집니다.

〉
하루 벌어 하루 사는 우리는
내일도 또 다른
인생 순환 역에서 내려야만 합니다.

재입대

가장이란 이름을 지키기 위해
노가다는 가설재 밀림 전쟁터에 매일 자원입대한다.

밤낮이 바뀌는 산기슭 공사장에서
테~스 형 테~스 형, 집합 노래가 흘러나오고
사람들이 하나둘 대열을 이루면
그 옛날 논산 훈련소 연병장에서 맡았던
새벽 찬 공기 사이로 잠자던 흙내음이 우리를 반긴다.

단상에 있는 관리자가
안전보다 더 중요한 일은 이 현장에 없다는
매일 듣는 당부기 끝나면
우리는 어제 못한 작전 수행을 위해
장비를 챙기며 가설재 밀림으로 발길을 옮긴다.

가설재 밀림은 사방이 온통 지뢰밭이다.
바라시*한 삼육 합판에 박힌 못이
머리를 꼿꼿이 세우고 우리가 넘어지기를 기다리고 있다.
응달에 숨어 있는 빙판은 우리의 헛발을 보고 웃고 있다.

아차 하는 순간 우리가 파놓은 낭떠러지에 우리가 빠진다.

 진지 구축하려고 망치를 들면
 머리 위로 크레인이 줄에 매달린 폭격기를 출격시킨다.
 오다가다 폐목을 떨어뜨리며 공습경보를 울리기도 하고
 느슨한 결속 유로폼이 풀어져 철제 폭탄을 쏟기도 한다.

 가설재 밀림의 정복은
 새로운 지층을 쌓는 전투를 할 때 최고조에 이른다.
 때론 가냘픈 발판에, 때론 엉성한 아시바*에
 몸을 의지하여 각 없는 못을 박아야 한다.
 발을 헛디디면 추락이고, 떨어지면 후방으로 즉시 이송된다.
 작업하다 무엇 하나 잡을 때도 함부로 믿어서는 안 된다.
 힘을 주면 쭉 빠지는 샷보드*에 어제도 동료가 실려 갔다.

 저 멀리 석양이 들면

흙시멘 먼지로 얼굴을 위장하고 대원들이 하나둘 복귀한다.
서로 얼굴 보고 웃다가
작업복에 핀 소금꽃이 누가 큰지를 놓고 다투기도 한다.

집으로 가는 길,
동료 한 명은 오늘 집으로 돌아가지 못하고 있다.

---

* 바라시: 일본어 'ばらす(barasu)'에서 유래된 말로, '분해하다', '해체하다'라는 뜻으로 쓰이며, 옹벽이나 형틀(거푸집) 등을 철거하거나 해체하는 작업을 의미.
* 아시바: 일본어 'あしば(ashiba)'에서 유래된 말로, 높은 곳에서 작업할 수 있도록 임시로 설치하는 가설 구조물.
* 샷보드: 동바리를 뜻하는 support의 일본식 발음 건설 용어.

비 오는 날

혹시나 하는 맘으로
안개를 뚫고 출근하니 집에 가란다.
우천으로 데마찌*란다.
차선 이탈한 열차처럼, 바람 빠지는 풍선처럼
뭘 해야 할지 몰라 미로를 헤맨다.

새벽 별 보고 출근해 지친 몸 이끌고 퇴근하다가
만사가 귀찮아 친구 모임, 계 모임에 발을 빼고 나니
시간이 있어도 이제는 전화할 사람이 없다.

텅 빈 일정에 먼 하늘만 바라보다가
약속 없이 찾아가도 뭐라 하지 않을 사람을 찾다 보니
갑오년 동학 농민들,
아우성이 멈춘 공주 우금티가 머리에 스친다.

익숙지 않은 길 더듬더듬 찾아서
뜯어진 대나무 망태 나뒹굴고
색 바랜 장승들 늘어선 우금티 고개에 오르니
빗방울이 잠들지 못한 영령들의 눈물 되어 나를 적신다.

추적추적 내리는 빗방울 소리가
이 고개 넘고 서울로 가야 하는데
예서 죽을 수 없다고 외치는 신음처럼 들린다.

새로 뚫린 터널엔 차들이 잘도 지나가는데
아직도 이 고개엔
잠들지 못한 영령들이 공회전 중이구나.

비 오는 날엔
우리도, 우금티 영령들도
텅 빈 가슴을 눈물로 채우고 있구나.

* 데마찌: てまち[手待ち] 건설현장 용어 일본어로 일거리가 없어 손을 놓고 있는 상태.

창살 그늘

노가다 달력에는 요일이 없다.
일할 수 있는 날과 일할 수 없는 날만 있다.

폭염경보 울리지만
오늘은 일할 수 있어 출근하니
시멘트 바닥 펼쳐진
허허벌판 아파트 1층 주차장으로 가란다.

철근 기둥 거푸집 만들라는 작업 종이 울리고
망치질을 시작한다.
하루 일당 벌 수 있어 안도하던 얼굴에선
시골집 마당에 갓 걸린 빨래처럼
굵은 땀방울이 뚝뚝 떨어지고
고장 난 땀샘은 어느새 속옷을 점령하여
사타구니는 아리고 고추마저 퉁퉁 불어간다.

망치질하다 고개를 들어보니
철근 기둥들이
한낮 불화살을 온몸으로 막아내며

창살 그늘을 흘리며 서 있다.

땡볕 하늘의 신기루인지
한낮의 저주를 풀어줄 오아시스인지
생각할 틈도 없이, 먼저
지친 몸이 창살 그늘 속으로 파고든다.
바비큐 통돼지 마냥
창살 그늘 무늬 따라 이리저리 돌아간다.

힘든 하루를 끌고 가던 일당의 수레도
창살 그늘에 기대어 잠시 숨을 고른다.

일당 무지개 잡으려면
저 멀리 석양 노을까지 가야 한다.
나는 오늘도 긴 하루의 터널을
창살 그늘에 부축받으며 걸어가고 있다.

7월의 노가다

7월의 태양이
신형 돋보기를 구입했나
건설 현장 데크 슬라브를
정조준해 불화살을 내리쏜다.

양철 데크 슬라브는
본연의 임무도 잊어버리고
삼겹살 불판으로 변신해
뜨거운 열기를 연신 품어낸다.

하늘에서 내릴 비가
머리에서 주룩주룩 흘러
파인 양 눈에 차고 넘쳐
앞이 보이지 않아
기름때 장갑으로 도랑 치기 바쁘다.

망치 한번 두드리고
도랑 한번 치자니
일하기도 힘든데

부가된 잡일에 지쳐 쓰러진다.

한낮의 태양이 뜨거울수록
7월의 노가다는
삶의 그늘이 더 짙어지는
피할 수 없는 긴 하루를 살아간다.

국제인력시장

건너편 작업 현장에는
한국말 잘하는 중국 연변 조선족 오야지가
젊은 중국인들에게 이리 가라 저리 가라
중국말로 업무를 지시하고

타설이 끝난 옆 동 작업장에는
서툰 한국말로 업무를 지시받은
덩치 큰 우즈베키스탄 오야지가
은칠한 빠루를 들고 들어가고

다음 공정을 할 현장에는
한여름에도 두툼한 잠바를 입은
작고 마른 베트남 청년들이
장축의 철근을 메고 가서
쪼그려 앉아 열심히 갈고리를 돌리고

목수 일거리가 갈수록 줄어든다고
막걸리만 먹으면 푸념하는 30년 짬밥 장 씨는
오늘도 중국인을 피해

우즈베키스탄 오야지 눈치를 보며
한구석에서 야기리를 짜고 있다.

한국 땅, 한국 사람들이 사는
대한민국 건설 현장에서
원청 회장님은 경영권 방어하려
해외 투기 자본 이득에 열을 올리고
단종 사장님은 최저 입찰에 맞게
불법 고용에 정신이 팔리니
건설 이득금은 해외로 날아가고
건설 인건비는 세금 없이 해외로 송금되는
막장 국제 투기 시장이 되어간다.

반환 소송

목수들 세계에서
가장 유명한 이는 예수다.

사람들은 새 집을 지었지만
예수는 새 세상을 지었기 때문이리라.

가장 높은 하늘은
가장 낮은 자리에서 볼 때 가능하듯이
예수는
가장 낮은 삶을 살면서
그 자리에서 본 하늘을 말했다.

가장 넓은 바다는
가장 낮은 자리를 중심으로 모이듯이
예수는
가장 낮은 삶을 중심으로
이 세상이 돌아간다고 알려주었다.

하여 이제

높은 신의 아들로 불리는 예수를
낮은 자리
살냄새 나는 목수의 아들로 소환하려 한다.

새 하늘과 새 땅을 위하여
예수를 다시
목수의 아들로 돌려 달라 소송을 걸어본다.

겨울 방학

낙엽 지는 계절이 오면
공사판 일거리도 하나둘씩 떨어진다.

올해 마지막 일거리
도심 보도블록 공사판에라도 나가
성큼 다가오는 겨울을 밀어내는데
새벽 자동차는 싸늘한 바람을 가르며 달린다.

멀쩡한 길을 왜 뜯냐며
예산이 남아도니 별짓 다 한다고
짜증에 조소까지 날리는
중년 아저씨의 바쁜 발걸음이
긴 겨울 일 없이 살아야 하는
불안의 씨를 심고 간다.

동정으로 해결할 수 없는
이놈의 사각지대, 겨울 방학
내일 없는 일당쟁이를
사지 멀쩡한 백수로 만든다.

〉
일할 때는 직장의보
없을 때는 지역의보로 바뀌는데
어제는 또 새 통지서가 날아왔다.

겨울 방학이 오기도 전에
괜한 의료보험 통지서 배달원 붙잡고
여름내 놀고먹은 베짱이 아니라고
긴 넋두리를 늘어놓는다.

눈칫밥

몇십 년 노가다판에서 살아온 김형은
세상에서 가장 무서운 말이
집에 가란 소리라 했다.

오늘 일거리가 없으니, 집에 가!
오늘 비가 오니, 집에 가!
너는 일을 못 하니, 집에 가!
내 말 거스를 거면, 집에 가!

일하는 동안 지쳐서 쉬고 싶어도
혹시나 일을 못 한다고 찍혀
집에 가라는 말이 나올까 봐
꾹 참고 일을 했다고 하였다.

하고 싶은 말이 있어도
오야지 비위를 건드릴까 봐
반벙어리 되어 살았다고 하였다.

노조에 들어온 후 좋은 점은

더 이상 오야지 눈치를
보지 않아도 되는 것이라 했다.

노가다도 힘을 합쳐 목소리를 내니
다른 세상이라고 좋아하면서도
아직도 눈치 보며 생활했던 흔적이
밥을 먹을 때는 그대로 남아 있다.

밥을 먹기 시작한 것 같은데
어느새 식판을 들고 나가는 모습에
동료들이 놀리면 그냥 씩 웃고 나간다.

쪽잠이 부르는 꿈

일 나가는 새벽
밤하늘 지키던 작은 별 하나
무거운 몸을 깨우고 시린 공기 가르며
현장 시멘 먼지 속으로 숨어버린다.

먼동에 맞춰 낡은 망치 주머니 움켜 차고
입에 단내나게 정신없이 야기리 두 판 짜고
가와*에 못질하고 나니 점심시간 호각이 울린다.

뻐근한 허리 펴고 함바*로 향하여
허기진 배 채우고 나서
칠성판 크기 합판 쪼가리 밑에 깔고
힘든 몸 달래며 쪽잠을 청한다.

일자리 갚아 먹는 짱깨들처럼
살 뜨건 햇살은 그늘을 잡아먹어
지친 육신 편히 쉬지 못하지만
잠시 잠깐 쪽잠 속 꿈결에 나타난
딸내미 함박웃음이

나를 또 다른 꿈길로 인도한다.

우리들의 노동이 아무리 힘들어도
우리들의 망치질이 아무리 무거워도
우리들의 쪽잠 속에 피어나는 꿈은
우리더러 행복 정원의 지킴이가 되라고 하고
우리더러 험한 인생의 창살도 넘어가라 한다.

* 가와: 일본어(がわ)로 목재로 짠 거푸집을 말한다.
* 함바: 일본어 '飯場(はんば)'에서 유래한 말로 현장 식당을 의미.

사발통문 沙鉢通文

평생 집을 지었는데 내 집은 없다.
임금은 계단을 밟고 올라가는데
집값은 엘리베이터 타고 올라가니
집을 지을수록 세상은 더 기울어지누나.

잘못된 과녁을 맞추는 궁수처럼
한 명의 화려한 등장을 위해
아흔아홉을 낙오자로 만드는
기능 상실한 저울추 세상에
내 망치질이 한몫한다는 생각에 맘이 저린다.

보금자리 장만하려는 사람들
꿈을 자르는
망나니 칼춤에 시중드는 것 같아 양심이 켕긴다.

잘못 탄 역방향 열차에서 내려
이제 가고픈 고향 기차를 타고 싶다.

돈 놓고 돈 먹은 웅덩이는 메우고

화려한 거품으로 막힌 곳은 뚫고
불로소득이 능력이 아닌 부끄럼이 돼야
비로소 내가 지은 집들은
열심히 산 사람들 안식처 될 수 있으리라.

기울어진 저울추 바로 잡히면
집터는 끝없이 많아 아흔아홉 채 짓고도 남아
시냇물 흐르는 작은 연못까지 넣을 수 있으리라.

저들만의 리그를 뒤엎는 광장에서
바른 세상 만들자는 청사진에 힘차게 망치질해서
디불이 사는 세상 민드는 큰 목수 되리라!
큰 세상을 짓는 참 목수 되리라!

일 나가는 하루

전날 저녁부터 하루는 시작된다.
오랜만에 만난 친구와
그간의 시간을 메워나가다가도
내일을 위해 아쉬움을
술잔에 남기고 집으로 향한다.

먼동이 트기 전 일어나
새벽 공기 가르고 도착한 함바에서
남들 자는 시간에 아침밥을 먹고
허허벌판 작업 현장에 들어서면
찬 바람이 불면 부는 대로
땡볕이 내리쬐면 그런대로
하늘이 내린 숙명으로 받아들이며
또 오늘 하루를 살아간다.

오랜 세월 반복한 일
이제 익숙해질 만도 한데
이놈의 몸은 주어지는 일감에
힘이 부쳐 안간힘 쓰며

조금만 더 버티면 된다고 이를 악문다.

친구들과 술 한잔 할 때는
그리도 잘 가던 시간이
현장에 와서 일할 때는
조작된 시계처럼 슬로비디오로 작동한다.

일 끝나고 주저앉아 돌아보니
천천히 가던 시간은
우리네 삶의 화면에
촘촘하고 선명한 해상도를 건네주고
깊어지는 주름살에
오래 숙성된 장맛을 심어놓았다.

꿈

노가다를 하고부터 이상한 꿈을 자주 꾼다.
슬라브 철근에 넘어져 찔리는 꿈
넓적한 수백 킬로 야기리가 하늘로 들렸다가
내 머리를 덮치는 무서운 꿈

조회 때는 안전이 최우선이라 강조하다가
예상 공기工期보다 늦으면
아우성치는 관리자의 눈빛이 꿈속에 나타나면
큰 잘못을 저지른 양 벌떡 일어나곤 한다.

매일 밤, 이 악몽에서 벗어나려 해도
점점 더 깊어지는 수렁,
숙명인가 보다 받아들이려 했는데
노조 깃발 세우려 입씨름에 몸싸움하고부터
이 악몽들은 운명이 아니라
누군가의 헛된 꿈이 만든 그림자란 걸 알았다.

넌 생존 노동, 난 불로소득이란
피할 수 없는 삶의 그물을 만들고 싶은

누군가의 빗나간 꿈이 만든 유리천장이었다.

갈수록 더 짙어지고 단단해지는
저 유리천장의 신화는
한두 사람 목말을 타고 올라갈 수 없어
우리들 마지막 무기인 팔뚝질 함성 모아
하늘길 막아버린 저 칸막이 치워달라고
온 천하에 고하고 또 고해본다.

저들만이 거래하는 은밀한 꿈
하늘과 땅에 온전히 드러날 때
유리천장은 신기루 되어 사라지고
비로소 우리들
무지개 꿈은 온 세상에 떠오르리라.

전생

건설노동자는 전생이 스님이었나 보다.

먼동이 트기 전 예불 올리기 위해 일어나듯
세상 사람들 잠든 시간에 출근 준비를 한다.

모두 법당에 모여 예불을 드리듯
조회하며 하루 일정을 공유한다.

공양을 드릴 때 목탁을 두드리듯
작업을 할 때도 망치를 두드린다.

일상생활을 뒤로하고 동안거 하안거하듯
여름에는 장마로 쉬고 겨울에는 일이 없어 쉰다.

더 높은 경지의 깨달음을 위해 백팔 배를 하듯
정밀한 작업을 위해 앉고 서기를 수도 없이 한다.

깨달음을 얻기 위해 용맹정진 수련하듯
가족들 생계를 위해 가열 찬 노동을 한다.

〉
혼자 수련 생활이 힘들어 종파를 구성하듯
혼자 일하면 권리 찾기 힘들어 노조를 만든다.

고귀한 산속의 고행과 빌딩 숲에서 흐르는 땀방울이
같은 방향, 서로 다른 모습이구나.

문신

아빠도 문신했어?
일하고 돌아와 씻고 거실에 나왔더니
지나가던 딸내미가 말을 던진다.

민소매, 반바지 차림으로 거울에 서니
정강이 위아래
양팔 여기저기에 긁힌 붉은 상처들
퍼렇게 멍든 자국들
아물어 가는 검붉은 딱지들
철근에 걸려 파였던 흔적들이 알록달록하다.

손을 들어 이곳저곳을 둘러보니
샷뽀도에 지져 시커멓게 죽은 손톱
다시 나는 연분홍 손톱
시멘독에 뿌옇게 갈라지는 손톱들이
각기 다른 사연으로 제각각이다.

늘 뒤처진 사람의 낙인 같아
긴 옷으로 감추고 살았건만

오늘, 딸내미에게 들킨 것 같아 씁쓸하다.

우리 딸내미에게는
아빠 몸에 그려진 그림들이
부끄러운 유산으로 남아 있을까?
아님,
가족 사랑의 증표로 남아 있을까?

방으로 들어간
딸내미는
아무런 말도 없이 음악 소리만 높이고 있다.

호적 갱신

나는 아직 명함을 만들지 않았다.
사람들 앞에
근로자 누구라고 하기가 부끄러워서다.

우리의 법명은 아직도 근로자다.
해방된 지 80년이 되건만
일제의 그림자가 있는 이름 그대로 불린다.

국민학교가 초등학교로 바뀌고
광화문 총독부가 사라지고
우리 담당 국가부서가 노동부로 불리건만
우리 이름만은
일제의 감옥에서 걸어 나오지 못하고 있다.

근로자라고 계속 부르고 싶은 사람들은
이 땅의 노동자를 국민이 아닌
머슴으로 여기고 싶은 본심을 숨기고 있는지 모른다.
선생님들이 노조를 만드니
하늘 같은 스승이 천박한 머슴이 되려 한다고

그 얼마나 손가락질하였던가?

해방도 되고, 정권이 여러 번 바뀌었지만
우리를 노동자로 호적에 올린 정부는 아직 없다.
노동자가 이 땅의 국민이 되는 길은
이제 스스로 해결해야 할 과제인지 모른다.

근로자란 이름의 호적을 찢고
노동자란 이름의 호적을 당당히 얻어야
우리는 이 땅의 진정한 국민이 될 수 있다.

그날이 되면 나도 명함을 만들어
머슴에서 국민이 되었다고 자랑하며 나누어주리라!

우리의 일터는

우리의 일터는
부잣집 거실 금붕어 어항 같아요.
우리 의지대로 만든 것은 하나도 없고
저들이 만들고 싶고, 보고 싶은 대로 만든
어항의 크기와 모양에 맞추어 살아야 해요.
밖으로 나가면 숨 막혀 죽거나 굶어 죽으니
살기 위해선 어항 안에서
저들의 미소를 위해 온갖 춤을 추어야 해요.

우리의 일터는
까도 까도 나오는 러시아 인형 같아요.
큰 회사들이 자기들 이익을 먼저 계산하고
아래로 내려보내면
말단 회사는 살아남기 위해
불법 외국인 고용에
안전을 무시하는 속전속결 공사를 하지요.

우리의 일터는
로마 그리스 신화에 나오는 침대 같아요.

건설할 회사는 가장 싼 입찰로 결정되고
최적의 설계는 가장 싼 기업으로 변경되고
꼼꼼한 감리는 가장 편한 회사로 교체되고
합당한 자재는 가장 낮은 가격이 우선되고
숙련된 인력은 가장 싼 외국인으로 선택되지요.

우리의 일터는
먹지 않고는 알 수 없는 공갈빵 같아요.
사람을 위한 건물이 안전보다 이익이 우선이고
사람이 하는 작업이 안전보다 공기가 우선이니
살려는 사람은 속이고
만드는 사람은 무시되는 욕심 거품만 가득하지요.

소금꽃

한여름, 하루 일 마치고
돌아가는 사람들 처진 어깨 뒤로
허연 얼룩들이 꽃을 피웁니다.

이른 새벽 아내 얼굴
한번 쳐다보고 출근해
7월의 더위와 싸우다
온몸이 울어 피워낸 꽃이랍니다.

한낮 땡볕에 그만 포기할까
고민하다가 다시 일어나
산다는 것이 죽음보다 더한 저주 같다
앓는 소리 내면서도
끝내 버티어 피워낸 꽃이랍니다.

안마당에 걸린 빨래처럼
굵은 땀방울이 뚝뚝 떨어져도
저 멀리 실바람이 불어오면
그저 좋아라 입가 미소 지으며

삶이 익어가며 피워낸 꽃이랍니다.

한여름, 하루 일 마치고
돌아가는 사람들
천근만근 처진 어깨 뒤로
하루를 이겨내고 부여받은 소금꽃이
삶의 월계관처럼 걸려 있습니다.

복권

언제부터인가 복권을 사지 않는다.
아마도 그 시기는
동료들이 사고로 병원에 실려 가는 것을
몇 번 보고 나서부터 일 게다.

큰 기대를 하고 산 복권은 아니었다.
혹시나 당첨되면
홀엄니 틀니나 해 드리고
집사람과 해외여행 한번 갈 수 있을까 하는
소박한 바람 때문이었다.

건설 현장 일을 하고부터
복권 당첨 행운과 같은 확률로
산재 사고 불행이 일어난다는 사실에
복권 사는 일이 사고를 부르는 것 같았다.

매주 복권 1등 당첨이 뉴스를 장식하는 것처럼
매일 한두 명 산재 사망이 현장을 멈추게 한다.
〉

조치원역 복권방을 지나다 문득
복권 행운이 없어도
살아가는 데 지장 없는 세상
안전사고로 슬퍼하지 않는 현장이
이 땅에 이루어지면 좋겠다는
작은 바람을 하늘에 올려보낸다.

사과

미안하다, 왼손아!
망치로 시누*를 내려치다가
빗나가 왼손 검지를 또 때렸다.
너무 놀라 부여잡다가
긴 한숨에 담뱃불을 붙인다.

지난번 망치질에 빠진 손톱이
이제 막 아물어 돋아나는데
오늘은 왼손 검지 관절이 심하게 부어오른다.

유로폼을 들다 굵어진 손마디
시멘독에 갈라진 손바닥
작업 기름때 잔뜩 묻은 손톱을 보자니
주인 잘못 만나 너도 참 고생이란
생각이 나를 더 서글프게 한다.

퇴근 후 우리 집 웃음소리는
너의 숨죽인 울음이 피워 낸 꽃이란걸
때린 오른손도 알고 망치도 알고 있다.

〉
너의 상처를 식구들이 혹시 알면
저녁상 온기 사라질까 두려워
감추어야 하니 더욱 미안할 뿐이다.

진짜로 미안하다, 왼손아!

---

* 시누/시노(しの 篠): 일본어 건설 용어로, 끝부분이 휜 작은 끝같이 생긴 도구로, 주로 위의 반생이 철사를 조아서 묶는 데 쓰인다.

흙먼지 화장

일 끝내고 집에 오면
먼저 흙먼지 화장을 지운다.

손을 씻으려 비누칠하고
손등을 비비면 비빌수록
시커먼 거품이 하얀 세면대를 물들인다.

작업장 자국이 지워지지 않은 두 손으로
물을 받아 얼굴에 뿌리면
일할 때 밴 쉰 땀내가 코를 찌른다.

비누칠에 샴푸까지 풀어 정성 들여
세수에, 머리까지 감아보지만
세면대 거울을 보면
아직도 찌든 노가다 흔적은 그대로다.

남들은 화장 없는 외출을 피한다지만
노동이 부끄러운 사회에서 우리는
흙먼지 화장을 지우고야

비로소 친구를 만나러 나간다.

한잔 걸치고 집으로 오는 길
골목 상점 가판대 맨 앞줄에 있는
흙 묻은 갓 캔 감자가 내 눈에 들어온다.

감자는 우리와 같이
흙을 묻히고 있는데
싱싱하여 맛있다고 자랑하듯 놓여 있다.

순간, 우리의 흙먼지 화장도
저 흙 묻은 갓 캔 감자처럼
값진 노동의 포장으로 여겨지면
얼마나 좋을까 하는 생각이 스친다.

달력

일감 따라 떠돌아다니는
노가다 일꾼에겐 자신만 아는 달력이 있지.

1, 2, 3 날짜 아래
한 대가리, 반 대가리,
오늘은 0.3으로 쓰는 일당 표시 달력.

장마철에는 하루 쉬고 하루 일하는
퐁당퐁당 달력이 되고
공기에 쫓기면 잔업에 철야까지
한 달 공수 30대가리 넘는 체력 담보 달력도 되지.

이 현장에서 다음 현장으로 넘어갈 땐
띄엄띄엄 쓰는 숫자마저도 사라져
생존의 그늘이 삶의 숨통을 조여오는
마력을 가진 달력이기도 하지.

일거리 없는 저녁
밤하늘 아파트 불빛을 마냥 보는 것은

혹시 저기에는 나 같은 생활 불안 달력이
걸려 있지 않을 것 같기 때문이지.

한 달을 열심히 산 것 같은데
우리가 가진 달력에는
늘 빈곤의 마술이 펼쳐지고 있지.

졸면서 쓰는 시

뚝딱! 뚝딱!
해 뜨기 전 출근해 망치를 두드리다
지는 해 등지며
강아지 한 마리 반기는 집에 들어와
오늘 하루도 잘 살아냈다,
이 한마디 남기려 책상에 앉으면
고개가 두드리는 망치처럼 꾸벅! 꾸벅!

졸린 눈, 다시 뜨려 하지만
눈꺼풀은 어느새 아래로 닫히고
고개는 망치질처럼 여전히 꾸벅! 꾸벅!

자명종 소리에 깜짝 놀라 눈을 뜨면
어느새 지친 몸은 침대에 기대어
쫓기는 잠을 자고
책상엔 겨우 제목만 끄적인 흰 종이가
잔잔한 미소를 짓고 있다.

오늘은 일 끝내고 돌아와

하지 못한 한마디 하련다, 다짐하지만
여전히 고개는
한낮 일터 망치처럼 꾸벅! 꾸벅!

주름 훈장

이번 어버이날에는
돈벌이 막 시작한 딸내미에게 훈장 하나를 받았다.

거친 노동으로
생즙이 빠져나간 말린 대추처럼
쭈글쭈글한 아빠 얼굴에 주름 훈장을 부여한단다.

남들 자는 시간에 일어나 옷을 입고
새벽안개 가르며 달려가
뜨거운 태양 가릴 그늘 없는
흙바닥 시멘 먼지 날리는 현장에서
유로폼 나르고 망치질하다가
온몸에 진이 빠지며 생긴 이 주름이

한겨울 바람 막을 곳 하나 없는 언 바닥
살을 에는 바람에
손끝 발끝 시려서 깊어진 이 주름이

우리 딸내미에게는

가난의 상징이 아니라 가족 사랑의 징표였는가 보다.

이번 어버이날에는
사랑하는 우리 딸내미가 애처로운 눈빛으로 주는
훈장 하나, 나도 받아보았다.

제2부
삶터

강아지풀

도로 경계석 틈새 비집고
얼굴을 내민 강아지풀
모진 살림을 차렸구나.

한때는 아이 얼굴에 콧수염 되어
동심을 그릴 때도 있었지.

이제 가야 할 곳
녹색 불빛 꺼진 곳이라
씨알 한입 문 털복숭이 머리 세우고
스치는 바람에
물어보는 저 너머 세상.

뜨거운 8월
길게 늘어선 강아지풀
회색 도시 철책을 넘으려
숨죽여 정찰 중이다.

퇴근길

하루치의 노동을 마치고
힘든 땀방울 식히며
집으로 돌아가는 길.

달구지 샛길 모퉁이
시골 버스 정류장에 앉으니
버드나무 물그림자는
오늘도 저녁놀을 끌어안고 출렁이고
스치는 바람에
나뭇등걸에 핀 바랭이가
가늘게 흔들리며
새끼 떠난 둥지 같은 고향을 쳐다본다.

서툰 미루나무 가로수 사이로
엉클어진 조각구름 흩어지고
비좁은 흙더미 참깨밭은 구수한데
들녘 넘어 푸른 산들은 무덤덤하다.

원색의 양철 지붕이

어울리지 않게 이쁘고
돌보지 않은 마을 보호수도
덩그렇게 정겹고
누렇게 마른 논둑길 또한
슬프지만 사랑스럽다.

힘든 하루 일을 끝내고
집으로 돌아가는 길
가진 게 없는 나는
달구지 샛길 시골 버스 정류장에 앉아
부족한 일당을
고향 정원으로 채우고 있다.

자연시계

낡은 아파트 입구에
신목神木처럼 벚나무가 서 있다.
언제부터인가
큰 벚나무를 거울처럼 쳐다보며 출근한다.
말 없는 벚나무 앞에 서서
오늘 입은 작업복이 적당한지 확인한다.

봄꽃이 피면 겨울 내의를 벗고
새싹이 돋아나면 두툼한 잠바를 벗고
녹색 잎이 짙어지면 긴팔 윗옷을 벗고
늦여름 잎들이 떨어지면 옷장 잠바를 찾아놓고
낙엽이 하나둘 쌓이면 내의를 다시 찾고
하얀 눈이 나뭇가지에 내리면 겨울 외투를 꺼낸다.

놀이터 시소처럼
벚나무 계절에 맞추어 작업복을 벗고 입는다.

노가다 짬밥이 길어질수록
내 작업복도

마른 가지에 물기 오르는 봄
꽃이 피는 봄
잎이 나는 봄
초록이 짙어지는 봄이 되어
계절에 맞추려 점점 늘어만 간다.

아파트 앞 말 없는 벚나무가
언제부터인가
자연시계가 되어 내 안에서 돌아가고 있다.

봄의 기원

한겨울 건설 현장 모퉁이
색바랜 들풀들, 찬 바람이 불면 떨고
눈비 내리면 얼면서도 자리를 지키고 있었다.

하늘을 점령한 동장군이
땅바닥마저 승리의 깃발을 꽂으려 매서운데
들풀은 납작 엎드려 삶의 깃발을 놓지 않고 있었다.

흙먼지 이불 삼아
동장군이
스스로 쓰러질 때까지 모질게 버티고 버텼다.

색바랜 들풀들이
왜 이리 험한 삶을 살았는지
새봄이 오고서야 알 수 있었다.

동장군도 끝내 점령하지 못한
낮고 초라한 들풀에
새봄은 작은 둥지를 틀고

푸른 생명의 빛을 지필 수 있었다는 것을.

동장군이 지쳐 쓰러진 자리에
들풀을 깃발 삼아
새봄은 탄성의 꽃눈을 피워냈다는 것을.

4월의 갑천

현장 옆 4월의 갑천이
한창 눈화장으로 바쁘다.

터진 봄물에 촉촉이 세안하고
흐드러지게 핀 벚꽃잎으로
화사하게 분칠하더니
이제 물가 막 피어나는
버드나무 여린 연두 잎으로
마른 갈대숲에 새봄의 옷을 입힌다.

긴 겨울, 잠자고 있던 모습은
이제 잊어 달라고
저 멀리 복사꽃도 들떠 미소를 짓는다.

이제 또다시 달려가자고
4월의 갑천이
외출 준비를 마치고
한 통의 전화를 기다린다.

합강 놀

물억새 덤불 속
고라니가 만든 오솔길 헤치고
합강 두물머리에 선다.

가을이 오면
하늘에도 단풍이 든다.

엉클어진 놀이
물든 가을 산천 따라
옷들 갈아입는다.

가출했다가 집으로 돌아와
긴장이 풀린
부끄럼 많은 여고생

옷가지 흩어져 있는 자기 방
다 열어 놓고
편하게 누워 있는 모습 같다.

고향의 시계

하늘로 떠나가신 엄마가
남겨놓은 유품 하나.

살다가 길을 잃으면
그때 꺼내 보라 하셨지.
돈도 아니고 땅도 아니었다.

엄마의 반복되던 잔소리
골목길 모퉁이 작은 코스모스
동네 앞마당 저녁노을이
시침이 되고
분침이 되어 돌아가는 시계였지.

찰깍찰깍 소리 따라
무너진 마음을 맡기면
거기에선
엄마의 헐벗은 향기가 나고
골목길 동무들 웃음소리가 들리고
저 멀리서 아련한 풋사랑이 걸어왔지.

〉
고향의 시계에는
아직도 열두 살의 내가
그냥 그렇게 살아가고 있지.

현도교 너머

새 현장이 현도교 너머라
기지개를 켜는 갑천 금강을 바라보며
출근하니
불어오는 강바람에
숨어있던 옛 기억이 되살아나네.

세월 주름만이 겹겹이 쌓여있는
노신 솔밭
잗다란 산길 바위 모퉁이에
풋내 정성 노란 간식통 내밀던
그녀가 다시 보이는 듯하네.

금강 물결이 다시 열리면
산길 지나 바다 용궁 식탁에서
다시 보자고 약속했는데
아직도 기억하고 있으려나.

새 현장 강바람에
옛 기억이 스며드니

신비스러운 힘도 생기는지
한여름 뜨거운 시간이 다가와도
지친 하루를 식히는
작은 미소를 머금게 하는구나.

연가시

늦가을, 대청호 강변도로 바닥에
로드킬 당한 사마귀들이
물가로 머리를 두고 바닥에 추상화를 그린다.
숙주의 몸에서 빠져나온
흰 실 모양 연가시 몸부림도 덧칠되었다.

생사의 철조망을 넘다 쓰러진 쓸쓸함이
화려한 풍요의 고지를 위해
달려온 내 삶을 비추는 거울 같다.

누군가의 조정 받는 걸 모르고
물가로 무작정 달려가는 사마귀처럼
무엇을 위해 일하고
어디로 가야 하는지 물어볼 시간도 없이
남들이 하는 대로
욕망의 조정을 받으며 달려온 삶.

대청호 바람에 몸을 맡기면
내 머리에 숨어있는 연가시도 날아갈까?

내 마음을 끌고 가는 탐욕의 열차도 멈춰질까?

바닥에 붙은 사마귀를 손에 들고
길가에 작은 무덤을 만들어 보지만
달콤한 도시의 불빛은
묘하게 어지러운 미소 지으며 나를 유혹하고 있다.

가을바람을 만지며

하루 일을 마치고 돌아오는 길
오늘도 일당 벌었다 으쓱하다가
휑한 기분이
순간 불어와 갈 길을 잃어버린다.

친구가 부르는 소주 한잔의 유혹에
기다렸다는 듯
허한 마음 저당 잡히러 달려간다.

왠지 모를 중년의 속마음을 들추면
분위기를 깰까 봐
에둘러 현장 오야지 뒷담화에
정치가 험담만 하다가
소주잔에 담긴 쓸쓸함을
망각의 바다에 붓고 또 붓는다.

내일 또 일을 해야 한다는 생각에
허한 마음을 알딸딸한 기분에 숨기고
딸내미 먹고 싶다는 케이크 사 들고

불어오는 가을바람을 만지며
고지서 가득한 집으로 발걸음을 옮긴다.

숨겨둔 중년 가장의 쓸쓸함이
내일 또 찾아올지 몰라도
오늘은 이렇게
빈 가슴 하루가 가을바람 타고 넘어가고 있다.

가을 사진

가을이 지나가는
백화산 옛길에 잘 익은 햇살이
홍시만 남긴 나뭇가지에 걸려 있습니다.

이산 저산 갈잎은
알록달록 색동옷으로 갈아입고
마지막 패션쇼를 위해 뛰어다니고

떨어진 낙엽은
사랑 고백 못 한 미련이 남았는지
지나가는 발걸음에
바스락거리며 마지막 편지를 씁니다.

굽이굽이 여울진 바위에는
말문 트인 손녀 옹알이가
종알종알 끝없이 잘도 넘어가고

저 멀리서 불어오는 골바람은
막내딸 시집 보내는

아버지 얼굴 패인 주름에
이별가를 심으며 쓰윽 지나갑니다.

가을 백화산 자락에
이별의 마지막 잔치라고 하기엔
너무나 화려한 컬러 사진 하나가 걸려 있습니다.

가을 단상

이 가을 하늘에
산자락 갈잎이 이토록 고운 것은
봄날 첫사랑 설렘이
긴 세월에도 그대로 말라 그런지 몰라.

이 가을 하늘에
산중 단풍이 이토록 오색찬란한 것은
한 줌 열매를 지키려
하늘빛과 싸우다 생긴
피 울음이 그대로 배어 나와 그런지 몰라

이 가을 하늘에
길가 은행잎이 이토록 맑게 환한 것은
산 넘어 산 같은 인생길 넘으려
흘린 땀방울이
숨겨둔 욕심마저 씻어버려 그런지 몰라.

이 가을 하늘에
산천이 이토록 환희의 몸짓인 것은

힘든 세상에서 모두가 잘 살았다고
하늘이 상으로 붉은 노을을
이 땅에도 내려주어서 그런지 몰라.

은행나무

씨족 사당 앞
고목이 되어 있는 은행나무는
새가 되고 싶은가 보다.

얼마나 날고 싶기에
온통 벌거벗고는
추운 겨울도 묵묵히 견뎌내더니
따스한 봄에는 싹을 틔우고
뜨거운 여름에는
열심히 열심히 잎을 키우더니
이제 가을이 되자
바람에 목소리를 싣고
반쪽 날개만은 남아 있다며
비행 연습을 시작한다.

오십 년 전 가을에도 그러더니
작년 가을에도 그러더니
올해 가을에도 그러는구나.
〉

하늘을 날고 싶다는 부푼 꿈을
가슴에 숨기고…….

십자가꽃
― 2020 김혜경님 생일에 부쳐

한 사내가 남긴
빈 십자가에 물을 주는 여인이 있다.
꽃을 피우기 위해 밤낮 정성껏 물을 퍼 날랐다.

지나가는 사람들에게
죽은 나무에 물을 주는 바보라 놀림도 많이 받았다.
계절이 바뀌어도
꽃 피지 않아 의심이 파도친다고 슬피 울 때도 있었다.

절망이 온 밤을 뒤덮을 때
여인은 빈 십자가에서 흘린 물이 적신 흙바닥에
풀씨 하나 날아와 살며시 핀 여린 싹을 본다.

여인은 그때야 알았다.
십자가 꽃은 홀로 피는 꽃이 아니었다.
정성이 흙바닥을 다 적셔야 풀싹이 나고 풀밭이 되고
산 것 죽은 것
잘난 것 못난 것 함께 어울려
더불어 피어나는 한 무더기 꽃이었다.

〉
한 무더기 꽃을 들고 세상으로 걸어 온
여인에게서 삶의 주름이 진한 십자가꽃 향기가 난다.

이제 세상 사람들은 그를 하늘 꽃 파는 여인이라 부른다.
여인은 오늘도 빈 십자가 마르지 않도록 물을 주고 있다.

환갑 선물

고개를 들어보니
올라야 할 정상이 저기 있건만
여기까지 왔으면 되었다고
내려가라는 반환점 도착 깃발인가.

앞으로만 걸었다고 생각했는데
돌아보니 구부렁 갈지자 길,
기억나지 않는 샛길들 많기도 하다.

항상 끌어주었던 사람은 없고
덩그렇게 놓여있는 인생 오답 노트만이
풀지 못한 문제를 펼쳐 보인다.

삶의 늪에 빠져 허우적거리다 놓친
소중한 사람의 손은 다시 잡으라 하고
바삐 걸어가면서 눈길 한번 주지 못했던
길섶의 들꽃 작은 미소도 마음에 담으라 한다.
서툴렀던 사랑의 무전기 사용법을
이제는 제대로 익혀 주파수를 잘 맞추라 한다.

〉
되돌아가는 길이 걱정되는지
하늘나라 가신 엄마가 손녀 맘에 환생하여
어릴 적 듣던 그 잔소리를 쏟아낸다.

코스모스

어릴 적 짝사랑하던 그 애
얼굴 한번 보려고
초등학교 울타리에 숨은
콩닥콩닥 내 심장 소리를
낯선 향기로 감추어주었던 꽃.

자식이 뭐라고
해 떨어지면 마중 나온
대문 앞 엄마 뒤에서
말없이 잔잔히 웃어주던 꽃.

이제는 사라진
고향의 향기를 쓸쓸히 담아
그리운 엄마 품과
설렜던 첫사랑을
슬쩍 꺼내어 주는 위로의 꽃.

제3부
쌈터

세상이 우리를 부른다
― 2022년 건설노조 임단협 결의대회에서

우린 목수다.
세상의 모든 집을 짓는 목수다.
우린 노동자다.
세상에 없던 것을 만드는 노동자다.
우린 건설노동자이다.
낡은 것은 바라시하여
철근 넣고, 형틀 짜고, 공구리 쳐서
잘난 놈, 부족한 놈들이 살아가게 하는 건설노동자다.

이런 우리를 세상이 부른다.
없던 것을 만들고,
낡은 것은 비리시*하고
잘못된 것은 데나우시*하는 우리를
기울어진 세상 평탄 작업하라고,
낡은 세상을 바라시하라고,
잘못된 세상을 데나우시 시키라고
세상이 우리를 부르고 있다.

많이 배우고 많이 가진 양반들에게

우리 세상을 맡겼더니
자기들 잇속만 챙겨 엉망진창이라고
세상이 우리를 부르고 있다.

나만 잘살면 된다는 세상의 망령이
가장 두려워하는 것은 광장의 함성이고
나만 폼나게 살면 된다는 세상의 지배자들이
가장 무서워하는 것은 노동자의 단결 투쟁이다.

하늘 먹구름이 태양 빛에 밀려나듯
가진 자들의 꼼수는 투쟁의 열기에 꼬리 내린다.
현장의 힘찬 망치질이 새 집을 짓듯
광장의 힘찬 투쟁만이 세상에 새 집을 짓게 한다.

이 광장의 함성으로
우리는 혼자만 살겠다는 낡은 관행을 바라시하고
더불어 사는 새 세상을 지어야 한다.

새로운 세상을 짓겠다고

투쟁의 구호를 가열 차게 외칠 때
우리는 진정한 노동자가 된다.
우리가 모르던 더 큰 건설노동자가 된다.
우리가 원하는 새 세상 만드는 참 노동자가 된다.

참 노동자는
현장에서는 망치질로 집을 짓고
광장에서는 함성으로 참 세상을 짓고
투쟁에서는 일치단결로 우리의 미래를 짓는다.

우리 모두 참 노동자 되어
투쟁의 한길로
광장의 함성으로
그날을 위해 달려가자!

* 바라시: 분해하다, 해체하다, 죽이다 등의 뜻으로 쓰이는 일본어 동사 '바라스(ばらす)'의 명사형에서 온 말.
* 데나우시(手直し, てなおし): 주로 건설 현장이나 기술 분야에서 잘못된 부분이나 불완전한 부분을 고치거나 다시 작업하는 것을 의미하는 일본어.

유목노동자

평생 도시를 지었지만
우리는 이 도시에 정주하지 못하는
도시의 혼외자

한 도시에서 부르면
쪼르륵 달려가 빵 한 조각 얻어먹고
또 부르는 도시를 찾아 길을 떠나야 하는
떠돌이 삶을 살기 위해선
좀 더 빨리
이 도시에서 저 도시로 가야 했기에
초원에 뛰어노는 말을 길들여 달려야만 했다.

발버둥 치며 살았던 허허벌판에서
말을 타고 달리다 보니
높고 크던 도시 성벽이
초원 끝 산봉우리보다 낮아 보인다.
절대 권력이던
도시의 법이 어릴 적 허깨비 놀이 같다.
〉

도시를 만들었지만,
도시에서 쫓겨난 우리
이제 살고자, 살아남기 위해
거친 들판에 유목노동자가 되어 돌아오고 있다.

초대장

인생을 날것으로 맛보고 싶다면
이곳으로 와 보세요.

세상을 떠난 산속이 아니라
사람이 없는 광야가 아니라
더 높이 올라가고
더 화려하게 치장하는
도시 속 건축 현장의 깊은 지하인
이곳으로 와 보세요.

봄에는 황사 먼지보다 더한
시멘 바람이 앞을 가리고
여름에는 강렬한 불볕에 살이 익고
한겨울에는 칼바람에
손발 끝이 에이는 곳.

하루에도 몇 번씩 생똥 쌀 정도로 힘을 쓰고
입에서 구린내 날 정도로 일해도
최저 입찰제 하도급의 자본 숫자놀음에

사람이 일회용 건축자재 취급을 받는 곳.

이곳에 오시면
인생의 깊고 깊은 밑바닥인지라
잘난 사람들
숨기지 못한 엉덩이 민낯이 바로 보여요.

나 혼자만 살겠다고 쳐놓은
욕망의 사다리가 얼마나 견고한지
바로 알 수 있어요.

인생을 날것으로 맛보고 싶다면
이곳에 꼭 한번 와 보세요.

노가다 특별법

전문:

대한민국에 헌법이 있듯 노가다 세상에도 특별법을 둔다. 노가다 특별법은 헌법이 밝히지 못한 사각지대를 기반으로 하며, 가진 자들을 위한 관습법을 최우선으로 적용함을 목적으로 한다.

노가다 특별법 제1조
노가다는 노동을 하지만 노동자는 아니다.
노동법을 말하면 바로 퇴출하여 실업자로 살게 한다.

노가다 특별법 제2조
노가다는 고용은 되었지만 직원은 아니다.
직원처럼 퇴직금을 바라면 건설 자재 반품시키듯 처리한다.

노가다 특별법 제3조
노가다는 사람이라고 사람처럼 행동해선 안 된다.
'작업중지권'이 있다고 안전을 요구하면 말하는 이의 일당도 중지된다.

〉

노가다 특별법 제4조

노가다는 부당하다고 권리를 주장해선 안 된다.

당신이 아니더라도 문밖에 삶이 무너진 사람들이 많이 대기하고 있다.

노가다 특별법 제5조

노가다는 내일을 생각해서는 안 된다.

날품팔이 일당 계약서에는 내일이 명시되어 있지 않다.

부칙:

노가다 특별법은 이 땅에 존재하지만 아무도 말하지 않는다. 노가다꾼은 가슴에 설움이 일어도 묵묵히 삼켜야 하루를 겨우 살아갈 수 있기 때문이다.

함성의 기원

빈 주머니가 서러워 우는 눈물이 대지를 적신다.
가난을 물려받은 자식들은 독한 현실이
피 울음 되어 씨앗 하나를 품는다.
일거리가 남았는데도
일 년 넘으면 주는 퇴직금이 아깝다고
정리해고를 당해 보니 솟구치는 분통이 싹을 틔운다.
아무리 열심히 일해도
세상이 점점 더 기울어진다는 절망이
뿌리 내린다.

나 혼자인가 싶어 주위를 둘러보니
집마다 사연 있는 묘목들이 자라고 있다.
비바람에 뽑히지 않으려고 몸부림을 치다가
가지는 잘리고 몸뚱이만 남아 비루하지만
땅속에선 뿌리가 뿌리를 만나고
서로가 서로에게 기대어 받쳐주고 있다.
해가 바뀌고 계절이 변하면서
서로가 서로를 지탱하는 나무들이
숲이 되어 비바람에 맞서 소리를 낸다.

〉
가진 것 없어 살기 바빠 알고도 못 냈던 소리
선출직 사람들이
첫 마음을 잃어가는 것 같아 내는 염려의 소리
처자식 먹여 살릴 세상이
자꾸만 더 멀어져 내는 한숨 섞인 걱정의 소리
아무리 기다려도 해결의 기미가 보이지 않아
조급해지는 마음 달래며 터져 나오는 탄식의 소리

삶에 이상이 생기면 울리는 자명종처럼
숲이 내는 소리는
비바람이 기세면 디 커지고
천둥 번개가 클수록 더 거칠어만 간다.

성장통

노조 생활 10년을 보냈지만
아직도 나는
진짜 노동자가 되려면 멀었나 보다.

내일부터 나오지 말라는 말이 무서워
위험해도 안전장치 없이 일하고
공기 맞추지 못하면 쫓겨날까 봐
신물 똥물 나오도록 망치질했던 노가다 생활이 싫어
노조에 가입했지만
일당 포기 집회에 나오라면
쓸데없는 일 또 한다고 씨불이며 나가는 나를 본다.

용역회사에서 10% 뗀 일당은 당연시하면서
투쟁을 위해 기금 만들자면
아까워 벌벌 떨며 억지로 내는 나를 본다.

일당 높이자는 단체협상에서는
강력한 노조 투쟁이 필요하다 앞장서다가
정치적 선택을 할 때는

노동자 이익보다 나와 친분을 따지는 이중성을
비판적 지지란 말로 합리화하는 나를 본다.

노동자의 힘은 단결이요, 투쟁으로 거듭난다고
노조 집회에서는 목소리 크게 외치면서도
집에 오면 기존 질서에 재빨리 안주하여
정치 훈수꾼으로 변하는 나를 본다.

아직도 나는 덩치 큰 아이처럼
겉은 노동자의 깃발을 들고 있지만
속은 노가다의 습성에 안주하고 싶은
부끄러운 현실을 고백해야만 하는구나.

나도 김용균이다

십자가에 달린 예수님이
하늘나라엔 아직 도착하지 않으셨나 보다.

공기업 깊은 지하 그늘에
다시 내려와
사지가 찢기어 또 돌아가셨다.

먼 옛날 십자가에 오르시더니
얼마 전엔
요지부동 산업 안전법 바꾸시려
핸드폰 불빛 밝히며 내려가셨다.

식어버린 아들 가슴에
머리를 묻은 마리아의 기막힌 슬픔이
온 천지에 메아리친다.

하루 두 명씩 바쳐야 하는
인신 공양 제단은
이 땅에서 사라져야 한다고

우리 아들로 마지막이 되어야 한다고
마리아 비명과 눈물이
광화문 광장에 흘러넘친다.

죽음의 외주화는 현실이라
어쩔 수 없다고 침묵으로 동조했던
내 앞까지 흘러와 멈춘다.

미안해요, 하지만 기억할게요.
광화문 인산인해 꽃밭에 다시 피어난
당신 이름, 가슴에 심고
하늘길 꽃상여 함께 지고 갈게요.

우리도 국민이다
― 건설안전특별법 촉구 집회에서

아들이면서 아들 취급을 받지 못한 홍길동처럼
이 땅의 노동자를 건폭이라 부르는 대통령을 보면
우리는 국민이 아니다.

외국인 불법 고용을 신고해도 깜깜소식인 행정은
도둑놈은 놔두고 신고한 사람을 범죄자로 만드는 이 나라는
도대체 누구를 위한 나라인지 알 수가 없다.

세계 경제 10위 선진국 품격에 맞게
함께 사는 방법을 찾자 하니
귀족노조 때문에 나라 망한다고 핏대를 세운다.

하지만 우리는 보았다.
청년 김용균이 어두운 컨베이어벨트 아래
머리와 몸이 두 동강이 나고, 온몸이 갈가리 찢길 때
하청 사람들은 우리와 상관없는
별개의 조직이라고 나 몰라라 하면서
죽음을 외주화한 원청 사람들만

무재해 포상금을 나누며 환성 지르는 것을.

하지만 우리는 알고 있다.
6개월 근무하고 50억 퇴직금 받은 저 돈이
안전 관리를 위해 써야 할 비용을 빼돌린
자기들만의 은밀한 비자금이라는 사실을.

이제 우리도 벗어나고 싶다.
몇 사람만의 이익을 위해 만들어 놓은
이 죽음의 먹이 사슬에서.

이제 우리는 원한다.
몇 사람만의 불로소득을 위해 강요되는
더 이상의 인신 공양은 철회되어야 한다고.

솔직히 우리도 두렵다.
먹고 살기 위해 이곳에 왔지만
몇 톤이 넘는 넓적한 야기리가 바람에 날리어
휘청거릴 때마다 저거 떨어지면

집에 돌아갈 수 없다는 것을 알기에.

솔직히 우리는 경험했다.
몇 번의 정권 교체가 있었지만
진정으로 우리의 일터와 안전을 위해
노력하는 권력은 없었다는 것을.

하여 우리는 되어야 한다.
우리가 우리를 스스로 지키지 못하면
우리에게 진정한 안전과 웃음꽃 일터는 없다.

하여 우리는 가야만 한다.
불법 다단계 하도급을 정당화하기 위해
쳐놓은 저 피울음 벽을 넘어
동지들 손에 손을 잡고 한발 한발 나아가야 한다.

가자! 동지들이여!
생명을 담보로 이득을 얻으려는
저 탐욕의 심장을 불 지르러 의적 홍길동이 되자!

건설안전 특별법 제정에 주저하는 저 국회 동산으로 가자!
아니 그 너머로 가서
모든 사람 함께 살아가는 새 세상으로 가자!

병정丙丁들의 노래

목숨줄 하루 일당에 걸고
커다란 우리 안에서
똥침 막대기처럼
다국적 천민촌을 이루는 사람들.

투기꾼 돈벌이 자재가 되어
오라면 가고 시키면 까야 하는
주홍 글씨 달고 사는 사람들.

흙먼지 날리는 작업장 한구석
굴종의 눈물들이
하나둘씩 차여 넘치는데
앓는 소리가 분노 되어 터져 나온다.

살길을 찾아 헤매어도
사방 천지 다 막혀 발버둥 치며
살려달라고 부르는 절규 노래
뒤~로 돌아, 뒤~로 돌아.
〉

앞선 사람 너무 멀리 따로 놀아
도저히 따라갈 수 없어
우리의 갈 길을 가겠노라고
이판사판이라며 선택한 노래
뒤~로 돌아, 뒤~로 돌아.

높은 분, 아부꾼, 모리배들 세상에
어깨동무 강강술래 동심원 삶터 만들자며
간절하게 부르는 우리의 희망 노래
뒤~로 돌아, 뒤~로 돌아.

건설노동자 이력서

꽉 쪼인 안전모에 안전화
긴 망치 자루 옆에 차고
진흙투성이 시멘 먼지 날리는 작업장에
뚜벅뚜벅 걸어가면
지휘관 명령을 기다리는 군인이 되었다가

물 먹은 오비끼 어깨에 메고 정신없이 나르고
한겨울 새벽 찬기 먹은 샷보드 이리 나르고 저리 세우고
유로폼 수십 장 옮겨 3단 야기리 쪼그려 앉아 짜다 보면
초소형 인간 기중기 되었다가

슬라브 천장 타이를 끼우려
정글 숲 아시바 틈새를 비집고 오르다가
4m 아래 내려다보면 날개 없는 새가 되었다가

아파트 대들보 만들려 석고 가와에
뚝딱뚝딱 못대가리 두드리면 목탁 치는 수도승 되었다가
〉

해 뜨면 노가다, 비 오면 실업자로
날씨 따라 계절 따라 잘도 변하며 살아왔구나.

날품 노가다에서 건설노동자로의 변신도
시대의 큰 물길을 따르면 좋으련만
주면 주는 대로
시키면 시키는 대로 했던 관행을
그리 쉽게 내어주는 바보가 어디 있겠냐마는
인간답게 살고 싶어 싸움해 본 사람은 알게 되지

잘난 사람 더 많이 갖고,
못난 사람 더 뺏기는 세상이 아니라
가진 사람은 돈의 욕심에서 벗어나고,
일하는 사람은 돈의 구속에서 해방되어
함께 사는 공동체로
가야 한다는 것을 온몸으로 바라게 되지

민중의 바다
― 2024년 임단협 촉구 집회에서

우리를 물로 보는 사람들이 있다.
국민이 주인인 나라에서
아직도 건설노동자를 만만한 물로 보는 사람들이 있다.

돌아보니 우리네 인생이
필요할 땐 맘대로 쓰고 필요 없으면 그냥 버려도 되는
있어도 없는 듯, 당해도 당연한 듯 살아왔던 세월이었구나.

상머슴처럼 살면서 흘린 눈물이
얼마나 많으면 저 바다를 채우고도 넘칠까?
저 넓은 바다가 이리 짠 것은
우리네 흘린 눈물이 너무나도 찐했기 때문이리라.
저 깊은 바다가 이리 출렁거리는 것은
우리네 깊은 설움이 울컥울컥 치올랐기 때문이리라.

설움과 눈물이 이룬 바다에 와보니 알겠더라.
우리는 작게 흩어져 있는 도랑물이 아니고
적은 물이 모이고 모여 만든 거대한 바닷물이더라.

저 넘실거리는 바다를 본 이상
우리는 논두렁 갇힌 물로 되돌아갈 수는 없다.

저들이 높은 벽을 세우면
내가 먼저 부딪쳐 밑바닥을 채우고
그대도 한번 부딪쳐 그다음을 채우고
우리 모두 함께 부딪쳐 담벼락 끝까지 채워서
저들이 세운 벽보다 높은 물길이 되어야 하리라.

불법 하도급에 부실시공을 자행하면서
뻔뻔하게 나는 살고 너는 죽어도 된다는
저들이 띄운 탐욕의 배들이 깝죽거리면
이제는 거대한 파도가 되어
바닷속으로 처넣을 분노의 화살이 되어야 하리라.

가자! 운명의 물길을 타고 저 넘실거리는 바다로.
가자! 우리를 만만한 물로 보는 저들에게
우리의 진짜 모습이 바닷물이라는 것을 보여주러 가자!
어떻게 탐욕의 쇠사슬을 끊어내는지 확실히 알려주러 가자!

하늘도 울어버린 거룩한 불꽃
— 민주노총 건설노동자 양회동 열사 영전에 부쳐

목숨보다 더 소중한 것이 있을까?
마트에서 일하는 아내에게 어린 자식들 맡기고
떠나야 했던 더 중요한 일이 무엇일까?
신나 불길에 살갗 쪼그라들어 숨이 막히고
뒤틀리는 오장육부 고통이 하늘을 찔렀을 텐데
뭐 그리 분통한 것이 많아 "억울해! 억울해!"하시며
법원 앞 정원에서 힘겨운 팔뚝질 하셨을까?

"법을 제대로 지켜라!" 고개를 쳐든 죄밖엔 없는데
건폭에, 조폭에, 이제는 공갈 협박범으로 몰아대니
그 모멸감을 견디기 어려우셨는지요?

검찰에 불려 다녀, 4월 출근 일수가 하루뿐이어도
동료들 생존권 확보를 위해 뛰어다닌 죄 밖엔 없는데
뭐 그리 큰 흉악 범죄라고 공갈 갈취로 몰아가니
참을 수 없는 분통이 터져 버리셨군요.

어마어마한 건설 자본과 국가 권력,
그리고 그에 기생하는 언론을 앞세운 마녀사냥 몰이에

돈도 없고 빽도 없는 노동자는
몸뚱이가 전부라 온몸이라도 던져
저항할 수밖에 없었던 거군요.

주저앉으면 다시
그 암울한 노가다 판으로 돌아가야 하니
스스로 온몸 햇불이 되어
함께하는 동지들 살리려 했던 거군요.

하나뿐인 목숨을 불살라 저항의 햇불이 되신
자랑스러운 민주노총 건설노동자 양회동 열사여!

목숨보다 더 소중하다고 생각하시고
부성애보다 더 귀하고
오장육부가 타들어 가는 고통보다
더 절실했던 노동자의 자존심을 지키기 위해 세운
당신의 그 처절한 인신 공양 햇불은
이제 우리에게
꺼지지 않는 투쟁의 등대가 되었습니다.

〉
이제 우리도
당신이 온몸으로 밝힌 횃불에서
불꽃 하나 이어받아 들불처럼 폭풍처럼
투쟁의 한길로 나아가려 합니다.

당신은 하늘에서, 우리는 현장과 거리에서
국민을 배신한 대통령을 끌어내려
참 세상이 오도록 머리띠 다시 한번 묶겠습니다.
당신이 온몸으로 밝힌 불꽃이
꺼지지 않게 가열 찬 투쟁으로 화답하겠습니다.

승리하는 그날까지
온몸을 바쳐 세운 횃불로 우리와 함께해주십시오.

해설

노동하는 삶의 진실과 지혜
— 임비호 시집 『목수 일기』, 심지, 2025.

이은봉(시인, 광주대학교 명예교수, 전 대전문학관장)

1. 건설 노동의 서정적 진실

임비호는 세종특별자치시 조치원읍에 살며 시를 쓰는 사람이다. 그와 동시에 그는 건설 현장에서 노동하기도 한다. 건설 현장에서 노동하는 과정이 아주 잘 드러나 있는 것이 그의 이번 시집 『목수 일기』이다. 이번 시집은 '건설 노동'을 중심 대상으로 삼고 있다는 점만으로도 충분히 돋보인다. 그렇다고 하더라도 그의 이번 시집이 '건설 노동'과 관련된 대상만을 다루고 있는 것은 아니다. 모두 제3부로 이루어져 있는 것이 그의 이번 시집인데, 특히 제1부와 제3부에 주로 건설 노동과 관련된 시가 실려 있음을 알 수 있다.

물론 건설 노동과 관련된 그의 서정적 노력은 제1부의 시에 좀 더 기울어져 있는 것이 분명하다. '쌈터'라는 소제목을 붙인 제3부의 시들보다 '일터'라는 소제목을 붙인 제1부의 시들이 건설 노동의 현장과 관련된 애환을 훨씬 더 잘 드러내준다는 것이다. '삶터'라는 소제목이 붙어 있는 제2부에는 그때그때 자연으로부터 발상한 시들이 다수 실려 있고, 그 또한 적잖은 성취를 이룬다. 그것이 제2부에 실려 있는 시들 역시 소홀히 할 수 없는 까닭이다.

'건설 노동'은 그의 생업이기도 하다. 특히 새로 짓는 건물의 거푸집을 만들고 부수는 것이 그의 노동이 이루는 실제이다. "뚝딱! 뚝딱!/해 뜨기 전 출근해 망치를 두드리다/지는 해 등지며" 집으로 돌아오는 것이 그의 삶의 과정이라는 것이다. 시인인 만큼 집에 돌아오면 조금이라도 써보려고 "책상에 앉"고는 하는데, 그러는 자신을 두고 그는 너무 졸려 고개를 "망치처럼 꾸벅! 꾸벅!"하기 일쑤라고 말한다. 그러니 그가 저 스스로 "졸린 눈, 다시 뜨려 하지만/눈꺼풀"이 "어느새 아래로 닫히"(「졸면서 쓰는 시」)는 현실을 안타까워하는 것은 당연하다.

시를 쓰는 노동자, 노동하는 시인이라는 것은 그가 사유하는 사람, 질문하는 사람이라는 것을 뜻한다. 이때의 사유와 질문은 무엇이 진실한 삶인가, 무엇이 진정한 가치인가라는 반문과도 무관하지 않다. 그뿐만 아니라 이들 반문은 정성스러움이나 지극함, 공경스러움 등의 덕목과도 깊이 연결되어 있다. 그의 시에서 이들 가치는 우선 '별'의 이미지와 함께한다.

> 어스름 새벽 출근길
> 동쪽 하늘 조각달 아래
> 얼굴을 내민 별 하나
>
> 하늘나라 올라가신
> 울 엄마가
> 아들 처다보는 눈빛 같다.
>
> 엄마의 눈빛에는
> 어릴 적
> 바지 속 올라간 내의를 내려주던
> 따스한 손길이 들어 있다.
>
> 내일도 엄마 눈빛 같은 샛별을
> 다시 보면
> 어제는 나도 엄마처럼
> 하루를 또 살았노라 말해야지.
>
> ―「출근길」 전문

이 시에서 시인은 지금 "새벽 출근길" 위에 서 있다. 가족을 먹여 살리기 위해 힘들고 어려운 새벽의 출근길을 감내하는 것이다. 출근하며 그는 "동쪽 하늘 조각달 아래/얼굴을 내민 별 하나"를 바라보며 이런저런 상념에 빠진다. 그는 먼저 "동쪽 하늘 조각달 아래/얼굴을 내민 별 하나"를 "하늘나라 올라가신/울 엄마가/아들 쳐다보는 눈빛 같다"고 생각한다. 엄마를 생각하는 마음은 누구에게나 애틋하다. 그 역시 마찬가지인데, 엄마를 생각하는 이러한 마음은 다음 연으로 그대로 이어진다. "엄마의 눈빛에는/어릴 적/바지 속 올라간 내의를 내려주던/따스한 손길이 들어 있다"고 노래하기 때문이다. 옷매무새를 고쳐주던 어머니의 "따스한 손길"을 기억하는 그의 마음이 무구하고, 진실하고, 정겹다.

　이때의 무구하고, 진실하고, 정겨운 마음에서 시인이 지향하는 정성스러움이나 지극함, 공경스러움 등의 가치를 읽기는 어렵지 않다. 일찍 돌아가신 엄마를 그리워하는 마음은 그 자체만으로도 가슴을 벅차게 한다. 시인이 "내일도 엄마 눈빛 같은 샛별을/다시 보"며 새벽에 출근하지 않을 수 없다고 말하는 것도 이와 무관하지 않다. 따라서 필자로서는 엄마를 그리워하는 시인의 마음에서 그가 드러내는 정직하고 순수한 삶의 진실과 지혜를 깨닫지 않을 수 없다.

　이 시의 결구에서 그는 "내일도 엄마 눈빛 같은 샛별

을/다시 보면/어제는 나도 엄마처럼/하루를 또 살았노라 말해야지"라고 다짐한다. "엄마처럼/하루를" 또 부지런하게 사는 일처럼 아름답고 정겨운 일은 없다. 물론 "엄마처럼/하루를 또 살"기가 쉬운 일은 아니다. 건설 노동의 현장이 겉보기와는 달리 건강하고 순수하지만은 않기 때문이다.

2. 건설 노동의 현장을 찾아

건설 노동의 현장도 사람이 살아가는 공간이다. 사람이 살아가는 공간에는 언제나 어디서나 크고 작은 문제가 발생하기 마련이다. 건설 노동의 현장은 정신노동의 현장이기보다 육체노동의 현장이기 쉽다. 이러한 얘기는 그곳이 다소간 거친 공간일 수밖에 없다는 것을 뜻한다. 형편이 이러하니 시를 쓰는 사람이기도 한 그로서는 일터에서도 감정이 섬세하게 작동될 수밖에 없으리라.

이처럼 겉보기와는 달리 그가 관여하는 건설 노동의 현장은 건강하지도 순수하지도 않다. 이것이 바로 그가 저 자신의 일터, 곧 건설 노동의 현장을 긍정적으로만 받아들이지는 않는 까닭인 듯싶다. 이 땅의 대부분 노동 현장이 그렇듯이 그가 일하는 건설 노동의 현장도 희망적으로만 전개되지는 않는다는 뜻이다. 이는 그가 "우리의 일터는/먹지 않고는 알 수 없는 공갈빵 같아요"라고 말하고 있는 것만 보더라도 알 수 있다.

> 우리의 일터는
> 먹지 않고는 알 수 없는 공갈빵 같아요.
> 사람을 위한 건물이 안전보다 이익이 우선이고
> 사람이 하는 작업이 안전보다 공기가 우선이니
> 살려는 사람은 속이고
> 만드는 사람은 무시되는 욕심 거품만 가득하지요.
> ―「우리의 일터」부분

 이 시는 그다지 난해한 언어로 이루어져 있지 않다. 따라서 특별한 설명이 요구되지 않는다. 물론 첫 문장에 "우리의 일터는/먹지 않고는 알 수 없는 공갈빵 같아요"라는 비유적인 표현이 사용되고 있기는 하다. 건설 노동의 현장도 직접 경험하지 않으면 알 수 없는 삶의 공간이라는 뜻이리라. 이 시의 이어지는 구절에서 시인은 그 내용을 부연, 설명하고 있다. 그가 보기에는 "사람을 위한 건물이 안전보다 이익이 우선이고/사람이 하는 작업이 안전보다 공기가 우선"인 것이 그가 일하는 건설 노동의 현장이다. 그가 보기에는 "살려는 사람은 속이고/만드는 사람은 무시되는 욕심 거품만 가득"한 것이 지금 이곳 건축 노동의 현장이라는 것이다.

그가 판단하기에는 평범한 사람들의 일상과는 많은 차이가 나는 것이 건설노동자, 곧 노가다의 일상인 듯하다. 그의 시 「창살 그늘」에 따르면 "요일이 없"는 것이 "노가다 달력"이다. 이 시에 의하면 "노가다 달력"에는 "일할 수 있는 날과 일할 수 없는 날만 있다." 따라서 건설노동자에게는 일할 수 있는 것만도 큰 행운이 아닐 수 없다. 비록 "폭염경보 울리지만/오늘은 일할 수 있어 출근하니/시멘트 바닥 펼쳐진/허허벌판 아파트 1층 주차장으로 가"라고 하더라도 말이다.

> 망치질하다 고개를 들어보니
> 철근 기둥들이
> 한낮 불화살을 온몸으로 막아내며
> 창살 그늘을 흘리며 서 있다.
>
> 땡볕 하늘의 신기루인지
> 한낮의 저주를 풀어줄 오아시스인지
> 생각할 틈도 없이, 먼저
> 지친 몸이 창살 그늘 속으로 파고든다.
> 바비큐 통돼지 마냥
> 창살 그늘 무늬 따라 이리저리 돌아간다.
>
> ―「창살 그늘」 부분

이 시의 인용 부분에는 거푸집을 만들고 부수는 건설 노동자의 현실과 그와 함께하는 애환(哀歡)이 잘 드러나 있다. 우선은 "한낮 불화살을 온몸으로" 받아내며 "망치질하다 고개를" 든 시인의 모습이 떠오른다. 다음에는 "철근 기둥들이" 만드는 "창살 그늘"에 저도 모르게 몸을 맡기는 그의 모습이 다가온다. 여기서 그는 "철근 기둥들이" 만드는 "창살 그늘"이 "땡볕 하늘의 신기루인"가, "한낮의 저주를 풀어줄 오아시스인"가 하고 질문한다. 하지만 "생각할 틈도 없이, 먼저" 그 "그늘 속으로 파고"드는 것이 그의 "지친 몸이"다. "바비큐 통돼지 마냥" "창살 그늘 무늬 따라 이리저리 돌아"가는 그의 "지친 몸"이라는 것이다.

  이번 시집에 수록된 그의 시들 중에는 건설 노동의 현장에 대한 진술과 묘사로 이루어진 예가 상당하다. 건설 노동의 현장에 대한 진술과 묘사는 그의 이번 시집에 실려 있는 시들이 갖는 장점이기도 하고, 자랑거리이기도 하다. 그로서는 어쩌면 이 시집의 시들을 통해 지금 이곳 건설 노동의 현장이 지니는 현실을 심미적인 기록으로 남기고 싶었는지도 모른다.

　　일 나가는 새벽
　　밤하늘 지키던 작은 별 하나
　　무거운 몸을 깨우고 시린 공기 가르며

현장 시멘 먼지 속으로 숨어버린다.

먼동에 맞춰 낡은 망치 주머니 움켜 차고
입에 단내나게 정신없이 야기리 두 판 짜고
가와에 못질하고 나니 점심시간 호각이 울린다.

뻐근한 허리 펴고 함바로 향하여
허기진 배 채우고 나서
칠성판 크기 합판 쪼가리 밑에 깔고
힘든 몸 달래며 쪽잠을 청한다.

일자리 갉아 먹는 짱깨들처럼
살 뜨건 햇살은 그늘을 잡아먹어
지친 육신 편히 쉬지 못하지만
잠시 잠깐 쪽잠 속 꿈결에 나타난
딸내미 함박웃음이
나를 또 다른 꿈길로 인도한다.

우리들의 노동이 아무리 힘들어도
우리들의 망치질이 아무리 무거워도
우리들의 쪽잠 속에 피어나는 꿈은
우리더러 행복 정원의 지킴이가 되라고 하고
우리더러 험한 인생의 창살도 넘어가라 한다.

―「쪽잠이 부르는 꿈」전문˚

 이 시의 제1연은 "일 나가는 새벽"의 풍경부터 제시한다. 시인이 보기에 이 새벽은 "밤하늘 지키던 작은 별 하나"가 "무거운 몸을 깨우고 시린 공기 가르며/현장 시멘 먼지 속으로 숨어버"리는 시간이기도 하다. 이어지는 구절에서 그는 건설 노동의 현장을 사실적으로 진술하고 묘사하는 일에 직접 나선다. "먼동에 맞춰 낡은 망치 주머니 움켜 차고/입에 단내나게 정신없이 야기리 두 판 짜고/가와에 못질"을 하는 것이 그이다. 그러고 나면 "점심시간 호각이 울린다." 오전의 노동을 마치고 난 뒤에 그는 곧바로 "뻐근한 허리 펴고 함바로 향하여/허기진 배"부터 채운다. 그러고 난 다음 그는 "칠성판 크기 합판 쪼가리 밑에 깔고/힘든 몸 달래며 쪽잠을 청한다."

 다음 구절에 "일자리 갉아 먹는 짱깨들처럼"과 같은 표현이 나오는 것을 보면 중국에서 온 건설노동자도 상당한가 보다. 그렇기는 하더라도 그를 정작 건설 노동의 현

˚ 이 시에는 몇몇 건설 현장의 전문 용어가 쓰이고 있다. 야기리와 가와, 함바가 그것이다. 일본말로 やぎり라고 쓰는 '야기리'는 한자로는 屋切り, 矢切り라고 쓴다. 야기리는 건설 현장에서 사용되는 일본어 유래의 말로, 아파트와 같이 동일 평면이 반복되는 건물 등에서 연속적으로 같은 문양 및 같은 크기가 반복될 때 건물 외부 쪽에 설치하는 형틀을 가리킨다. 가와는 일본어로 쓰면 がわ로 목재로 짠 거푸집을 말하고, 함바는 일본어 한자로 쓰면 반장(飯場)이다. 일본어 はんば에서 유래한 말로 현장 식당을 뜻한다.

장으로 내모는 것은 무엇인가. 이어지는 구절에서 시인은 "살 뜨건 햇살은 그늘을 잡아먹어/지친 육신 편히 쉬지 못하지만/잠시 잠깐 쪽잠 속 꿈결에 나타난/딸내미 함박웃음이/나를 또 다른 꿈길로 인도한다"고 말한다. 이들 표현으로 미루어 보면 그를 건설 노동의 현장으로 인도하는 것은 딸내미를 비롯한 가족 때문인 듯싶다. 그가 보기에는 가족을 지키는 것이 다름 아닌 "행복 정원"을 지키는 일인 것이다. 그에게는 바로 이것이 "쪽잠 속에 피어나는 꿈"이라는 얘기이다.

이번 시집 『목수 일기』에서 건설 노동의 현장을 이처럼 사실적으로 그린 시를 찾기는 별로 어렵지 않다. 적잖은 그의 시들이 건설 노동의 현장을 직접적으로 그려내기 위해 노력하고 있기 때문이다. 가령 「재입대」 같은 시에서는 건설 현장에서 노동하는 것을 "가장이란 이름을 지키기 위해" "가설재 밀림 전쟁터에 매일 자원"하는 것이라고 비유하기도 한다.

이 시에 따르면 "산기슭 공사장에서/테~스형 테~스형, 집합 노래가 흘러나오"는 곳이 건설 노동의 현장이다. 그렇다. "사람들이 하나둘 대열을 이루면/그 옛날 논산 훈련소 연병장"을 떠올리지 않을 수 없는 곳이 건설 노동의 현장이다. 그는 또한 건설 노동의 현장을 두고 "사방이 온통 지뢰밭"이라고 비유하며 "합판에 박힌 못이/머리를 꼿꼿이 세우고 우리가 넘어지기를 기다리고 있"다고 말한다.

그런가 하면 "건너편 작업 현장에는/한국말 잘하는 중국 연변 조선족 오야지가/젊은 중국인들에게 이리 가라 저리 가라/중국말로 업무 지시를" 한다. "타설이 끝난 옆 동 작업장에는/서툰 한국말로 업무 지시를 받은/덩치 큰 우즈베키스탄 오야지가/은칠한 빠루를 들고 들어가"(「국제인력시장」)는 곳이 건설 노동의 현장이기도 하다. 이처럼 그의 이번 시집에는 건설 노동의 현장이 직접적으로 그려져 있는 시가 적잖다.

하지만 건설 노동의 현장을 사실적으로 증언하는 것으로만 좋은 시가 되지는 않는다. 그것이 심미성과 조화롭고 균형 있게 통합될 때 오래 남을 수 있는 좋은 시로 승화될 수 있기 때문이다. 건설 노동의 현장을 직접적으로 다루고 있는 시는 그러한 시인의 의도와 심미성이 늘 충돌할 수밖에 없다. 현장성과 심미성이 조화와 균형을 이루는 시를 쓰기가 어려운 것은 이 때문이기도 하다. 그렇기는 하더라도 다음의 시는 건설 노동의 현장성과 심미성이 비교적 잘 조화를 이루고 있어 주목된다.

　　7월의 태양이
　　신형 돋보기를 구입했나
　　건설 현장 데크 슬라브를
　　정조준해 불화살을 내리쏜다.

양철 데크 슬라브는
본연의 임무도 잊어버리고
삼겹살 불판으로 변신해
뜨거운 열기를 연신 품어낸다.

하늘에서 내릴 비가
머리에서 주룩주룩 흘러
파인 양 눈에 차고 넘쳐
앞이 보이지 않아
기름때 장갑으로 도랑 치기 바쁘다.

망치 한번 두드리고
도랑 한번 치자니
일하기도 힘든데
부가된 잡일에 지쳐 쓰러진다.

한낮의 태양이 뜨거울수록
7월의 노가다는
삶의 그늘이 더 짙어지는
피할 수 없는 긴 하루를 살아간다.
―「7월의 노가다」 전문

이 시에도 건설 노동의 현장은 고통의 공간으로 그려져 있다. 우선은 건설 현장의 불볕더위가 "7월의 태양이/신형 돋보기를 구입했나"라는 비유를 통해 드러난다. 이어지는 "데크 슬라브를/정조준해 불화살을 내리쏜다"라는 구절을 통해서도 이는 확인된다. 다음 구절에서 "양철 데크 슬라브"의 불볕더위를 "삼겹살 불판"으로 비유해 표현한 것도 재밌다.

너무 더우면 비처럼 쏟아져 내리는 땀도 감당하기 힘들다. 시인은 땀이 "주룩주룩 흘러" "앞이 보이지 않아/기름때 장갑으로 도랑"을 칠 때도 있다고 말한다. 이어지는 구절에서는 "망치 한번 두드리고/도랑 한번 치자"니 "부가된 잡일에 지쳐 쓰러"질 수도 있겠다고 말한다. 그가 보기에는 "한낮의 태양이 뜨거울수록" "삶의 그늘이 더 짙어지는" 하루를 살아가는 것이 "7월의 노가다" 현장이라는 것이다.

이렇게 매조지 되는 이 시는 건설 노동의 현장을 담고 있으면서도 심미적으로 좀 더 성숙한 느낌을 준다. 심미적으로 그러한 효과를 주는 것은 이 시가 적절한 비유를 통해 새로운 이미지를 펼치기 때문으로 보인다. 새로운 이미지를 통해 새로운 사물성을 보여준다는 것인데, 이러한 특성을 포기하고서는 어떤 시도 제대로 된 예술작품이 되기 힘들다.

이번 시집에 수록된 시에서 그는 이처럼 건설 노동의

현장성을 확보하면서도 심미적으로 잘 완성된 세계를 지향한다. 그것이 시인의 섬세하고 정밀한 심미 의식과 무관하지 않다는 것은 불문가지이다. 시인 임비호의 잘 정제된 섬세하고 정밀한 심미 의식이 서정적으로 완성된 좋은 시를 만든다는 뜻이다. 이때의 좋은 시가 건설 노동의 현장과 그의 심미 의식이 적절한 조화와 균형을 이루고 있으리라는 것은 자명하다.

3. 성찰하고 반성하는 자아

"쪽잠 속에 피어나는 꿈"(「쪽잠이 부르는 꿈」)을 이루기 위해 시인은 줄곧 건설 노동의 현장을 지켜나간다. 그렇다고 하더라도 이 또한 사람살이의 한 과정인 것은 확실하다. 따라서 일상의 그의 삶은 늘 건설 노동의 현장과 조화 및 균형을 이루지 않을 수 없다. 하지만 그의 시 「흙먼지 화장」에 따르면 그의 삶이 매번 건설 노동의 현장과 조화 및 균형을 이루는 것으로 보이지는 않는다. 이는 그가 하루의 "일 끝내고 집에 오면/먼저 흙먼지 화장을 지"우는 것만 보더라도 확인된다. 그에게는 "흙먼지 화장을 지"우는 일, 곧 샤워하는 일 자체가 일상을 회복하기 위한 과정이고 절차이다.

 물론 그는 이때의 "흙먼지 화장을 지"우는 일을 즐거움으로만 받아들이지는 않는 듯하다. "손을 씻으려 비누칠 하고/손등을 비비면 비빌수록/시커먼 거품이 하얀 세면대를 물들"이기 때문이다. 이 시의 화자인 그에게 이는 적잖은 회한을 느끼게 하는 것처럼 보인다. 너무도 힘든 건설 노동의 현장이 그에게 이러한 회한의 감정을 갖게 하리라.

　일 끝내고 집에 오면
　먼저 흙먼지 화장을 지운다.

　손을 씻으려 비누칠하고
　손등을 비비면 비빌수록
　시커먼 거품이 하얀 세면대를 물들인다.

　작업장 자국이 지워지지 않은 두 손으로
　물을 받아 얼굴에 뿌리면
　일할 때 밴 쉰 땀내가 코를 찌른다.

　비누칠에 샴푸까지 풀어 정성 들여
　세수에, 머리까지 감아보지만
　세면대 거울을 보면
　아직도 찌든 노가다 흔적은 그대로다.

남들은 화장 없는 외출을 피한다지만
노동이 부끄러운 사회에서 우리는
흙먼지 화장을 지우고야
비로소 친구를 만나러 나간다.

한잔 걸치고 집으로 오는 길
골목 상점 가판대 맨 앞줄에 있는
흙 묻은 갓 캔 감자가 내 눈에 들어온다.

감자는 우리와 같이
흙을 묻히고 있는데
싱싱하여 맛있다고 자랑하듯 놓여 있다.

순간, 우리의 흙먼지 화장도
저 흙 묻은 갓 캔 감자처럼
값진 노동의 포장으로 여겨지면
얼마나 좋을까 하는 생각이 스친다.
―「흙먼지 화장」 전문

시인은 이 시에서 무엇보다 자신의 현존에 대해 성찰하고 반문하는 모습을 보여준다. 이때 시인의 자아에 회한의 감정의 묻어 있다는 것에 대해서는 따로 설명할 필요가 없다. 예의 회한의 감정에는 물론 쓸쓸하고 허망한 감정도 십분 함유된다. 다음 구절에서 그가 "두 손으로/물을 받아 얼굴에 뿌리면/일할 때 밴 쉰 땀내가 코를 찌른다"라고 말하는 것만 보더라도 이는 증명된다. "비누칠에 샴푸까지 풀어 정성 들여" 보지만 "세면대 거울을 보면/아직도 찌든 노가다 흔적"이 그대로라면 그의 마음이 어떨까. "남들은 화장 없는 외출을 피한다지만" "흙먼지 화장을 지우고야/비로소 친구를 만나러" 갈 때의 마음 말이다.

이 시의 이어지는 구절에서 그는 저 자신을 "골목 상점 가판대 맨 앞줄에 있는/흙 묻은 갓 캔 감자"와 비교한다. 감자는 자기처럼 "흙을 묻히고 있는데"도 "맛있다고 자랑하듯 놓여 있"는데, 지금 그는 그렇지 못하다. 그렇기는 하더라도 그는 저 자신의 "흙먼지 화장도/저 흙 묻은 갓 캔 감자처럼/값진 노동의 포장"이 될 수 있으면 "얼마나 좋을까 하는 생각"을 한다.

이처럼 그는 자신이 선택한 삶의 방식인 건설 현장의 노동에 대해 크고 작은 성찰과 반성을 보여준다. 그의 이러한 성찰과 반성은 자신의 현존을 돌아보며 반문(反問)하고 회의(懷疑)하는 마음도 포괄한다. 이러한 그의 마음은 다른 시 「성장통」에 의해도 확인된다. "노조 생활 10년을 보냈지만" "진짜 노동자가 되려면 멀었나 보다"라는 구절이 그 예이다.

반문하고 회의하는 마음이라고 했지만 그것이 포괄하

는 심리는 매우 복잡하다. 자의식을 강화하는 공포심까지 담아내고 있는 것이 이때의 그의 마음이기 때문이다. "내일부터 나오지 말라는 말이 무서워/위험해도 안전장치 없이 일하"러 나가는 것이 그이다. 그의 다른 시에 따르면 건설 노동의 현장에서 가장 공포심을 불러일으키는 말은 "오늘 일거리가 없으니, 집에 가!/오늘 비가 오니, 집에 가!/너는 일을 못 하니, 집에 가!"(「눈칫밥」)라는 말이다.

"노가다를 하고부터 이상한 꿈을 자주" 꾸는 것이 그이기도 하다. 이때의 꿈은 "슬라브 철근에 넘어져 찔리는" 무서운 꿈이기도 하고, 일종의 거푸집인 "넓적한 수백 킬로 야기리가 하늘로 들렸다가" "머리를 덮치는 무서운 꿈"이기도 하다. 그는 이러한 꿈을 두고 "매일 밤, 이 악몽에서 벗어나려 해도/점점 더 깊어지는 수렁"이라고 말한다. 그가 "이 악몽들은 운명이 아니라/누군가의 헛된 꿈이 만든 그림자란 걸"(「꿈」) 잘 알고 있지만 말이다.

그의 시 「성장통」의 이어지는 구절에 따르면 "공기 맞추지 못하면 쫓겨날까 봐/신물 똥물 나오도록 망치질했던 노가다 생활이 싫어/노조에 가입했지만/일당 포기 집회에 나오라면/쓸데없는 일 또 한다고 씨불이"는 것이 그이다. 이처럼 복잡한 것이 그의 마음이거니와, 이러한 그의 마음을 한마디로 말하기는 불가능하다. 그렇기는 하지만 그의 이러한 마음을 두고 '반문하고 회의하는 마음'이 아니라고 말하기는 어렵다. 물론 이는 시를 쓰며 노동하는 정직하고 무구한 자아가 지니는 진실과 지혜에서 비롯되리라. "용역회사에서 10% 뗀 일당은 당연시하면서/투쟁을 위해 기금 만들자면/아까워 벌벌 떨며 억지로 내는 나를 본다."라는 구절을 통해서도 그의 복잡한 마음은 충분히 짐작된다.

그가 보기에 건설 노동의 현장은 "인생 환승역"이기도 하다. "들어오기 쉽고/나가기 쉬워 그럴 수 있"다. 물론 "평생직장이 아니고/용돈벌이라 생각해서 그럴 수도 있"지만 말이다. "하지만 신기하게도/한번 들어왔다 나간 사람들에게/이곳은 술자리 풍성한 안주가" 되기도 한다. 따라서 "삶이 무너졌던 사내들에게는/그 기억이 더 짠하여 일생의 서사가"(「인생 환승역」) 되기도 한다.

그의 이들 시에서 삶의 쓸쓸함과 고독을 읽기는 어렵지 않다. "하루 일을 마치고 돌아오는 길/오늘도 일당 벌었다 으쓱하다가/휑한 기분이/순간 불어와 갈 길을 잃어버"리는 것이 그이기 때문이다. 기분이 이처럼 휑해지면 "친구가 부르는 소주 한잔의 유혹에/기다렸다는 듯/허한 마음 저당 잡히러 달려"(「가을바람을 만지며」)가는 것이 그이다. 하지만 그는 "오랜만에 만난 친구와/그간의 시간을 메워나가다가도/내일을 위해 아쉬움을/술잔에 남기고 집으로 향"(「일 나가는 하루」)하고 만다.

한편으로는 "우천으로" 일을 못 하게 되더라도 "차선

이탈한 열차처럼, 바람 빠지는 풍선처럼/뭘 해야 할지 몰라 미로를 헤"(「비 오는 날」)매기도 하는 것이 그이다. 그뿐만 아니라 "새벽 별 보고 출근해 지친 몸 이끌고 퇴근하다가/만사가 귀찮아 친구 모임, 계 모임에 발을 빼고 나니/시간이 있어도 이제는 전화할 사람"조차 없는 것이 그이기도 하다. 그렇다. "임금은 계단을 밟고 올라가는데/집값은 엘리베이터 타고 올라가"는 것이 그가 마주하고 있는 현실이다. 형편이 이러하니 "평생 집을 지었는데 내 집은 없"(「사발통문(沙鉢通文)」)는 것은 당연한 일일는지도 모른다. 이로 미루어 보더라도 건설노동자로서 그의 자아가 단순하고 소박할 리, 온전할 리 만무하다.

4. 건설노동자의 꿈과 이상

지금까지 논의해온 예를 통해서도 확인할 수 있듯이 그의 이번 시집에 수록된 시들은 찬가(讚歌)나 송가(頌歌)보다 비가(悲歌)에 가깝다. 그의 시들이 이처럼 비가에 가까운 것은 그의 자아가 일단은 근대적이기 때문으로 보인다. 하지만 좀 더 근본적으로는 그의 삶이 긍정적이거나 희망적이기보다 비극적인 데서 비롯되는 것처럼 이해된다. "낙엽 지는 계절이 오면/공사판 일거리도 하나둘씩 떨어"(「겨울 방학」)지기 시작하거니와, 이때의 그의 마음이 긍정과 희망을 향해 움직일 리 만무하지 않은가.

그의 마음이 반문과 회의에 빠져 있다고 하더라도 그가 건설노동자로서 자신의 꿈과 이상을 모두 포기한 것은 아니다. 집 짓는 일을 하는 사람을 흔히 목수라고 하거니와, 목수의 일 중에서 대목이 하는 일은 가구를 만드는 일이 아니라 집을 짓는 일이다. 바로 그러한 점에서 그는 자신이 집을 짓는 일을 예수가 "새 세상을" 짓는 일과 빗대어 받아들인다. 예수가 목수였던 것처럼 그도 집을 짓는 목수, 곧 건설노동자라는 점을 잊지 않고 있는 것이다.

> 목수들 세계에서
> 가장 유명한 이는 예수다.
>
> 사람들은 새 집을 지었지만
> 예수는 새 세상을 지었기 때문이리라.
>
> 가장 높은 하늘은
> 가장 낮은 자리에서 볼 때 가능하듯이
> 예수는
> 가장 낮은 삶을 살면서

그 자리에서 본 하늘을 말했다.

가장 넓은 바다는
가장 낮은 자리를 중심으로 모이듯이
예수는
가장 낮은 삶을 중심으로
이 세상이 돌아간다고 알려주었다.

하여 이제
높은 신의 아들로 불리는 예수를
낮은 자리
살냄새 나는 목수의 아들로 소환하려 한다.

새 하늘과 새 땅을 위하여
예수를 다시
목수의 아들로 돌려 달라 소송을 걸어본다.
―「반환 소송」 전문

  이 시에 따르면 "목수들 세계에서/가장 유명한 이는 예수다". 목수들, 곧 건설노동자들은 "새 집을" 짓지만 "예수는 새 세상을" 짓는다. "예수는/가장 낮은 삶을 살면서/그 자리에서" 하늘을 본 선지자이다. 그뿐만 아니라 "예수는/가장 낮은 삶을 중심으로/이 세상이 돌아간다고 알려"준 분이다. 그렇기는 하지만 그는 지금 "높은 신의 아들로 불리는 예수를 /낮은 자리/살냄새 나는 목수의 아들로 소환하려 한다". 그는 지금 "새 하늘과 새 땅을 위하여/예수를 다시/목수의 아들로 돌려 달라"고 하는 것이다.

"예수를 다시/목수의 아들로 돌려 달라"고 하더라도 예수로부터 성스러움을 느끼기는 어렵지 않다. 물론 성스러움은 예수로부터만 얻을 수 있는 것이 아니다. 부처님이나 스님으로부터도 얻을 수 있는 것이 성스러움이기 때문이다. 그래서일까. 시인은 "건설노동자는 전생이 스님이었나 보다"라고 생각한다. "먼동이 트기 전 예불 올리기 위해 일어나듯/세상 사람들 잠든 시간에 출근 준비를" 하는 것이 건설노동자라는 점을 기억해야 한다. 스님들이 "모두 법당에 모여 예불을 드리듯" 건설노동자도 모두 현장에 모여 "조회하며 하루 일정을 공유"한다는 것을 염두에 두지 않으면 안 된다. 스님이 "공양을 드릴 때 목탁을 두드리듯" 건설노동자도 "작업을 할 때" "망치를 두드린다"(「전생」) 것을 잊어서는 안 된다.

이처럼 그의 시에서 건설노동자는 스님과도 비교, 대조되고 있다. 이러한 논의는 무엇보다 결국 건설노동자도 수행자라는 것을 말해준다. 물론 수행자에게 따로 어떤 특별한 직군(職群)이나 직책(職責)이 있지는 않다. 보통 사람의 삶도 그 자체로 수행의 과정일 수 있기 때문이다.

그런가 하면 그는 때로 "세상의 모든 집을 짓는 목수"로서의 자부심을 노래하기도 한다. "우린 노동자다./세상에 없던 것을 만드는 노동자다./우린 건설노동자이다./낡은 것은 바라시하여/철근 넣고, 형틀 짜고, 공구리 쳐서/잘난 놈, 부족한 놈들이 살아가게 하는 건설노동자."(「세상이 우리를 부른다」)라고 노래하는 것이 그이기도 하다는 것이다. 하지만 이 시는 "2022년 건설노조 임단협 결의대회에서" 결의를 다지기 위해 쓴 것이라는 사실을 기억해야 한다. 건설노동자로서의 그의 자아는 근본적으로 반문하고 회의하는 위치를 택하고 있다는 뜻이다. 바로 그러한 연유로 건설 노동을 다룬 그의 시가 예술이 된다는 것을 잊어서는 안 된다.

이처럼 그의 시는 목수(건설노동자)로서의 삶이 갖는 크고 작은 슬픔과 비애, 설움을 바탕으로 하고 있다. 이들 정서는 "아빠도 문신했어?/일하고 돌아와 씻고 거실에 나왔더니/지나가던 딸내미가 말을 던진다"와 같은 구절에 좀 더 여실하게 드러나 있다. 딸내미의 이 말이 "정강이 위아래/양팔 여기저기에 긁힌 붉은 상처들/퍼렇게 멍든 자국들"(「문신」) 따위를 두고 하는 것임은 자명하다. 건설노동자인 그의 슬픔과 비애, 설움은 때로 노동자라고 부르기보다는 "근로자라고" "부르고 싶은 사람들"에 의해 촉발되기도 한다. 그러니 그로서는 "근로자란 이름의 호적을 찢고/노동자란 이름의 호적을 당당히 얻어" "이 땅의 진정한 국민이"(「호적 갱신」) 되고 싶지 않을 수 없다.

 이 땅의 당당한 건설노동자인 그가 느끼는 감회, 곧 슬픔과 비애, 설움은 「소금꽃」, 「복권」, 「사과」, 「유목노동자」 등의 시에 의해서도 확인된다. 이 시집에서는 그만큼 큰 비중을 차지하는 것이 이들 정서를 담고 있는 시들이라는 것이다. 물론 그의 이번 시집에 수록된 시들 중에는 예의 노동과 함께하는 가운데 획득하는 작은 행복이 담겨 있는 예도 없지 않다. 그가 "이번 어버이날에는/돈벌이 막 시작한 딸내미에게" 주름 훈장 하나를 받은 적이 있기 때문이다. "살을 에는 바람에/손끝 발끝 시려서 깊어진 이 주름이" 그의 "딸내미에게는/가난의 상징이 아니라 가족 사랑의 징표였"(「주름 훈장」)던 것이다.

5. 변화하는 자연과 움직이는 일상

 시인 임비호의 이번 시집 제2부에 실려 있는 시들은 그의 말처럼 '삶터'의 시들이다. 제1부의 시들처럼 '일터'의 시들이 아니고 제3부의 시들처럼 '쌈터'의 시들이 아니다. 제2부에 실려 있는 시들, 곧 '삶터'의 시들은 나날의 일상에 겪는 감흥을 담고 있어 좀 더 주의를 요한다. 일상의 나날에 겪는 감흥을 담고 있다고는 했으나 정작 관심을 끄는 것은 사계의 자연이 이루는 변개(變改)를 담고 있는 시들이다. 봄철의 깨어있는 활기들을 다룬 시가 특히 관심을 끄는데, "한창 눈화장으로 바"쁜 "4월의 갑천"을 소재로 한 시가 우선은 눈에 띈다. 이어지는 연에서 그는 갑천을 두고 "이제 물가 막 피어나는/버드나무 여린 연두 잎으로/마른 갈대숲에 새봄의 옷을 입힌다"고 표현한다. 그가 보기에는 "긴 겨울, 잠자고 있"더니 "이제 잊어 달라고/저 멀리 복사꽃도 들떠 미소를 짓는"(「4월의 갑천」) 것이 "4월의 갑천"이다.

그의 이번 시집 제2부에는 이처럼 봄철의 들떠 있는 정기와 활기들을 다룬 시들만 수록된 것이 아니다. 여름철의 풍물들을 다룬 시도 없잖은데, 「강아지풀」과 같은 시가 그 대표적인 예이다. 이 시에서 그는 "도로 경계석 틈새 비집고/얼굴을 내민 강아지풀"을 두고 "모진 살림을 차렸구나"라고 하며 영탄한다. 그가 보기에 "한때는 아이 얼굴에 콧수염 되어/동심을 그릴 때도 있었"던 것이 강아지풀이다. "뜨거운 8월/길게 늘어선 강아지풀/회색 도시 철책을 넘으려/숨죽여 정찰 중이다"라는 표현도 재미있다.

물론 그의 시집 제2부에는 가을의 쓸쓸하고 허전한 서정을 담고 있는 시도 없지 않다. 가을의 쓸쓸하고 허전한 서정은 마땅히 편안하고 자연스러운 마음을 가리킨다. 그러한 점에서는 「합강 놀」, 「코스모스」, 「가을 사진」

등이 비교적 성공한 시로 보이는데, 다음은 이들 시 중의 한 편인 「합강 놀」이다.

　물억새 덤불 속
　고라니가 만든 오솔길 헤치고
　합강 두물머리에 선다.

　가을이 오면
　하늘에도 단풍이 든다.

　엉클어진 놀이
　물든 가을 산천 따라
　옷을 갈아입는다.

　가출했다가 집으로 돌아와
　긴장이 풀린
　부끄럼 많은 여고생

　옷가지 흩어져 있는 자기 방
　다 열어 놓고
　편하게 누워 있는 모습 같다.
　　　　　　　　　　　　　―「합강 놀」 전문

이 시에서 시인은 지금 "물억새 덤불 속/고라니가 만든 오솔길 헤치고/합강 두물머리에" 서 있다. 이렇게 서 있는 시인의 모습이 필자의 눈에 선하다. 제2연에서 그는 붉게 물든 '합강 놀'을 두고 "가을이 오면/하늘에도 단풍이 든다"고 노래한다. 제3연에 이르러 그가 "엉클어진 놀이/물든 가을 산천 따라/옷들 갈아입는다"고 표현하는 것도 같은 발상의 결과이다. "합강 놀"이 보여주는 이러한 변개(變改)를 그는 아주 편안하고 자연스러운 모습으로 받아들인다. 제4연에서는 그가 '합강 놀'을 "가출했다가 집으로 돌아와/긴장이 풀린/부끄럼 많은 여고생"으로, 그리고 5연에서는 그 여고생이 "옷가지 흩어져 있는 자기 방/다 열어 놓고/편하게 누워 있는 모습"으로 비유하고 있기 때문이다. 이 시에서는 그가 '합강 놀'을 "옷가지 흩어져 있는 자기 방/다 열어 놓고/편하게 누워 있는" 여고생으로 발상하는 것이 특히 재미있다.

　이처럼 그는 여러 편의 시에서 자연의 사물을 사람으로 비유하고 있다. "초등학교 울타리에" 피어 있는 '코스모스'를 "어릴 적 짝사랑하던 그 애"(「코스모스」)로 발상하기도 하고, "저 멀리서 불어오는 골바람"을 "막내딸 시집 보내는/아버지 얼굴 패인 주름"(「가을 사진」)으로 비유하기도 한다. 이처럼 그의 시에서는 곧잘 사물이 사람으로 비유되고 있다. 이는 그가 그만큼 자연의 사물과 사람을 하나로 받아들이고 있다는 증거이기도 하다. 이러한 점에서 생각하면 그는 전통적 서정시인의 특징을 지니고 있다고 하지 않을 수 없다. 이번 시집에 건설 노동의 현장을 다루고 있는 시를 여러 편 수록하고 있다고 하더라도 기본적으로 그는 서정적 아우라를 잃지 않고 있는 시인이라는 것이다.

그의 정신적 성숙이 서정적 성숙과 함께하기를 빌며 여기서 글을 맺는다.